Peter Hagen

Regentonnen und Zisternen

Regenwasser im Garten nutzen

58 Farbfotos
30 Zeichnungen

Ulmer

Vorwort

Dank unserer geographischen Lage leben wir in einem Land, in dem es ausreichende Trinkwasserressourcen gibt und jedem Bürger genügend Wasser zur Verfügung steht. Doch wie lange noch?

Durch klimatische Veränderungen, wachsende Bevölkerungszahlen, zunehmende Bebauung und erhöhtem Anspruchsdenken wird auch bei uns das Trinkwasser knapp. Der Zeiger steht kurz vor zwölf. Ständig steigende Trinkwasser- und Abwasserpreise führen zwangsläufig zu einer ökonomischen Denkweise, doch dies ist nur die halbe Wahrheit. Wenn keine ausreichenden Wassermengen vorhanden sind, dann helfen auch keine hohen Wasserpreise. Wir müssen daher alle gezwungen werden, ökologischer zu denken. Durch zahlreiche Veröffentlichungen, Umwelttage und Ausstellungen ist den meisten Bürgern bekannt, dass mit Sammeln von Regenwasser der Trinkwasserverbrauch bis zu 50 Prozent reduziert werden kann. Mit einem gewissen finanziellen und technischen Aufwand ist es praktisch jedem möglich, den teuren Trinkwasserverbrauch zu reduzieren.

Das vorliegende Buch schildert eine ganze Reihe von Möglichkeiten, wie Regenwasser gesammelt und verwendet werden kann. Da in den letzten Jahren die Regenwassernutzung sehr an Bedeutung zugenommen hat, ist inzwischen die Technik dafür weit fortgeschritten. Damit ist das Zeitalter der Hobbybastler in vielen Bereichen der Regenwassernutzung abgelaufen. Nicht umsonst haben sich in allen Landesteilen Spezialbetriebe zu diesem Thema etabliert. Der Themenkomplex Pumpen, Filter, Kleintechnik und Zubehör nimmt daher in diesem Buch einen breiten Raum ein. Die unterschiedlichen Nutzungsmöglichkeiten von Regenwasser werden ausführlich mit ihren Einsatzgebieten, Vor- und Nachteilen vorgestellt. Um die Planung einer Regenwasser-Nutzungsanlage zu erleichtern, sind in einem gesonderten Teil Planungshilfen aufgeführt.

Hinweise zur Qualität und Nutzbarkeit von Regenwasser sollen dazu beitragen, Vorbehalte und Skepsis gegenüber der Thematik abzubauen und zur Regenwassernutzung ermuntern.

Da viele Gemeinden und Kommunen die Regenwassernutzung inzwischen fördern und bei Neubauten teilweise gar vorschreiben, werden auch wirtschaftliche Aspekte erläutert.

Der aufmerksame Betrachter seines Umfeldes wird feststellen, dass verstärkt Anlagen zur Regenwassernutzung installiert wurden oder sich in Fertigstellung befinden. Eigentlich ein sehr positives Zeichen, das zum Nachmachen anregen sollte.

Homburg, Dezember 2000
Peter Hagen

Inhalt

Wasser

Wasser ist nichts weiter als ein Molekül aus Wasserstoff und Sauerstoff mit der chemischen Formel H_2O, und doch sind die chemischen und physikalischen Eigenschaften von Wasser eine Grundvoraussetzung für jegliches Leben auf unserer Erde. Von den $1,64 \cdot 10^{18}$ Tonnen (= 1,64 Trillionen Tonnen!) Wasser, die unserem Planet an Wasser zur Verfügung stehen, bilden nur etwa 1,23 Prozent die Grundlage des gesamten Lebens auf der festen Erde. Diese eigentlich sehr geringen Süßwassermengen beschränken sich auf das Eis von Nord- und Südpol, die Süßwasserseen und Flüsse, sowie auf unser Grundwasser und den Wasserdampf der Atmosphäre. Durch den natürlichen Kreislauf des Wassers Verdunstung – Wolkenbildung – Abregnen erneuert sich der Süßwasseranteil.

Zukunftsforscher sagen schon jetzt voraus, dass Wasser wertvoller als Erdöl, Kohle oder gar Gold wird. Die überproportional wachsende Menschheit ist alarmierend, und mit ihr steigt der Durst. Die Trinkwasserreserven sind von Land zu Land sehr unterschiedlich, daher sind Verteilungskämpfe vorprogrammiert. Zukünftige Kriege werden vielleicht nicht mehr aus purer Machtgier und politischen oder wirtschaftlichen Erwägungen geführt; Trinkwassermangel könnte eher dazu führen. Schätzungen in den USA haben ergeben, dass im Jahr 2025

7

etwa drei Milliarden Menschen unter Wasserknappheit zu leiden haben. Von Wasserknappheit spricht man, wenn weniger als 10 m^3 Wasser pro Kopf und Jahr zur Verfügung stehen.

Gut zwei Drittel der Erdbevölkerung müssen mit hygienisch vollkommen unzureichendem Wasser auskommen. Die Mehrzahl der Menschheit hat es nicht so bequem wie bei uns, wo man nur an einem Hahn drehen muss, um frisches Wasser zu erhalten. Lange Fußmärsche für die Wasserversorgung, und diese dann auch noch in minderer Qualität, sind für den Großteil der Menschheit an der Tagesordnung. Laut Angaben der Weltgesundheitsorganisation (WHO) stehen Menschen in der Dritten Welt maximal 5,4 Liter Wasser täglich zur Verfügung.

Wasser bildet sich nicht neu, es befindet sich vielmehr in einem ständigen Kreislauf. In unserem Teil der Erde haben wir das Glück, dass uns Wasser mehr als ausreichend zur Verfügung steht. In Deutschland haben wir einen durchschnittlichen Niederschlag von 850 Millimetern. Das bedeutet, dass wir eine jährliche Menge von 850 Litern Regenwasser auf einem Quadratmeter haben. Regional ist die Niederschlagsmenge jedoch sehr unterschiedlich – sie schwankt von weniger als 400 mm bis hin zu 1500 mm pro Jahr. Somit ist Deutschland eines der wasserreichsten Länder der Erde.

Was sich trotz unseres Wasserreichtums noch positiv anhört, ist dennoch mit etlichen Problemen behaftet: Die Aufbereitung zu Trinkwasser, das man gerechterweise eher als Lebensmittel bezeichnen sollte, funktioniert nur mit einem enormen Aufwand. Wir haben es einfach „geschafft", unser Trinkwasser im ganz großen Stil so zu verunreinigen, dass es weitgehend ungenießbar ist. Wie? Denke man nur an die globale Industrie: Sie leitet Abwässer in unsere Flüsse und bläst Schadstoffe in die Luft. Auch der Kraftfahrzeugverkehr – ob der Gütertransport per LKW oder die Privatnutzung unseres so geliebten Autos – stellt einen weiteren wichtigen Schadstoffemittenten dar. Obwohl giftige Abfälle inzwischen weitgehend kontrolliert gelagert werden, gelangt dennoch vieles an Schadstoffen, Schmutz oder Chemikalien in unser Grundwasser. Von so genannten Umweltkastastrophen sei gar nicht erst gesprochen.

Ein weiterer sehr wichtiger Faktor ist unsere Landwirtschaft. Einerseits verlangen wir immer mehr hochwertige, dabei aber preiswerte Grundnahrungsmittel, andererseits dürfen wir uns nicht wundern, wenn hierdurch große Mengen Dünger wie Nitrat und Phosphat sowie Rückstände von Pflanzenschutzmitteln in das Grundwasser gelangen. Die Trinkwassergewinnung aus derartig belastetem Wasser ist nur mit hohem technischen Aufwand wie Langsamfilterung, Ozonierung und Filtern durch Aktivkohlefilter möglich.

Zusätzlich zur Wasserverschmutzung kommt noch ein ganz wesentliches Kernproblem hinzu: Der tägliche Wasserverbrauch der Bundesbürger ist sehr stark angestiegen. Dies ist auf den höheren Lebensstandard, einer gehobeneren Ausstattung von Bad und Wohnung und letztlich auf die höheren Ansprüche an Sauberkeit und Hygiene zurückzuführen.

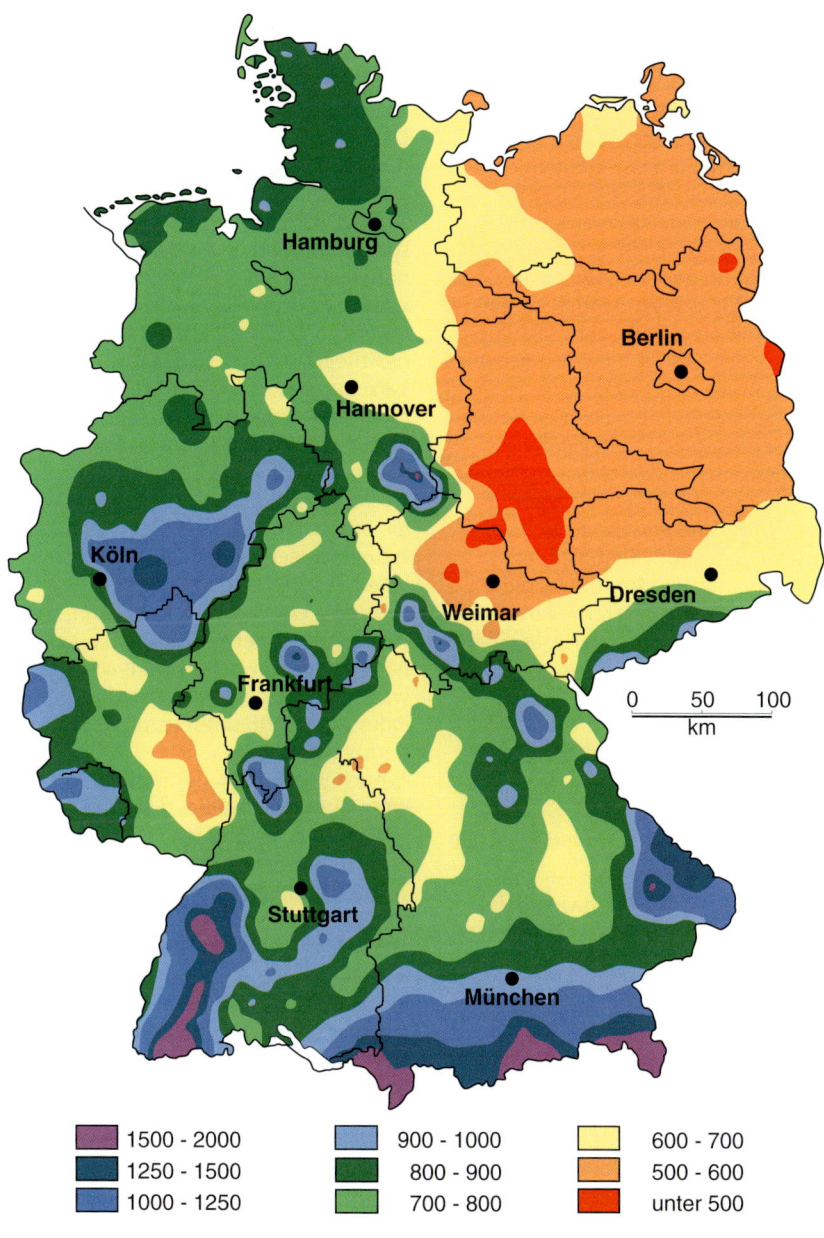

1500 - 2000	900 - 1000	600 - 700
1250 - 1500	800 - 900	500 - 600
1000 - 1250	700 - 800	unter 500

Durchschnittliche jährliche Niederschlagshöhen in Deutschland (in mm)
Realisation: Deutscher Wetterdienst, Geschäftsfeld Hydrometeorologie

Alle diese Faktoren bereiten den Wasserversorgungsunternehmen große Probleme, um den Bürgern das wertvolle Gut Wasser in ausreichender Menge und Qualität regelmäßig zur Verfügung zu stellen. Hat im Jahr 1950 ein Bürger etwa 85 Liter Wasser pro Tag für sich verwendet, so sind es heute mit etwa 140 Litern fast doppelt so viel. Obwohl wir, wie eingangs schon erwähnt, in einer geographisch sehr günstigen Lage leben, in der die Wasserressourcen ausreichend vorhanden sind, sind wir zur Einschränkung unseres Wasserverbrauchs gezwungen. Eine gewisse Einsicht zu derartigen Sparmaßnahmen hat immerhin dazu geführt, dass die Industrie neue Wasserarmaturen wie Toilettenspülung mit Spartaste, Spar-

wasserhähne sowie wassersparende Geschirr- und Waschmaschinen auf den Markt gebracht hat.

Letztlich werden aber auch diese Maßnahmen nicht zu derartigen Einsparungen führen, wie sie eigentlich notwendig wären; wichtiger ist ein Umdenken auf Verbraucherseite. Wir müssen uns einfach überlegen, ob wir nicht teilweise und gelegentlich auch ganz auf andere Wasserqualitäten zurückgreifen können, denn für viele Zwecke im Haushalt ist unser Trinkwasser einfach viel zu schade. Vorreiter auf diesem Gebiet ist die Industrie, die in vielen Bereichen so genanntes Prozesswasser verwendet, das durch innerbetriebliche Reinigungsprozesse mehrfach eingesetzt werden kann. Hinzu kommt der Einsatz von so genannten „Grauwassern", die als Trinkwasser ungeeignet sind, aber für industrielle Fertigungsprozesse zur Verfügung stehen.

Auch in einem Haushalt stecken enorme Möglichkeiten, den Wasserverbrauch zu reduzieren. So macht es doch eigentlich wenig Sinn, einen Toilettengang mit wenigen Millilitern Urin mit etwa sechs bis zehn Litern Trinkwasser in die Kanalisation zu spülen. Wenn man den täglichen Trinkwasserverbrauch von etwa 150 Litern genauer betrachtet, so entdeckt man, dass von dieser Menge lediglich etwa drei Liter für Kochen, Essen und Trinken verwendet werden – und dies, obwohl der Stoff, von dem wir reden, „Trink"wasser heißt. Der weitaus größere Teil von den 150 Litern wird für Waschen, Spülen, Baden, Duschen, Auto waschen, Putzen oder Garten gießen eingesetzt.

Ursachen für die Wasserverschmutzung:

- Einleitungen von Abwasser und Kühlwasser sowie Verunreinigungen des Erdreiches

- Einträge aus der Landwirtschaft: Dünger, Pestizide und Fäkalien aus der Massentierhaltung

- Eintrag durch unsachgemäß gelagerten Hausmüll

- Verunreinigungen durch Putz-, Reinigungs- und Desinfektionsmittel

- Belastungen durch Undichtigkeiten in unserem Abwassersystem

- Beeinträchtigung der Wasserqualität durch sauren Regen infolge der Luftverschmutzung

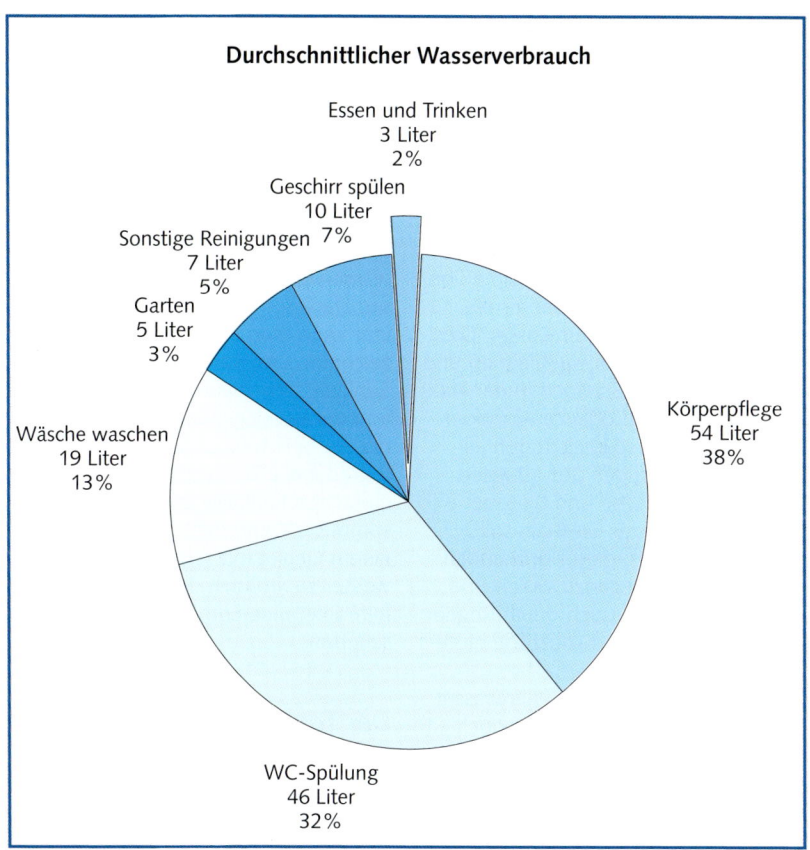

Durchschnittlicher Wasserverbrauch

Essen und Trinken
3 Liter
2%

Geschirr spülen
10 Liter
7%

Sonstige Reinigungen
7 Liter
5%

Garten
5 Liter
3%

Wäsche waschen
19 Liter
13%

Körperpflege
54 Liter
38%

WC-Spülung
46 Liter
32%

Natürlich ist klar, dass für die aufgezählten Verwendungszwecke unterschiedliche Wasserqualitäten gelten müssen. Alles, was mit der mittel- oder unmittelbaren Nahrungsaufnahme zu tun hat, sowie Baden, Duschen oder Geschirr spülen, gehört in den Bereich Trinkwasser. Etwas anders sieht es da schon aus mit Toilettenspülung, Auto waschen, Garten gießen, Boden wischen und selbst Wäsche waschen. Also warum sollte man hierfür kein Regenwasser einsetzen? Es versteht sich von selbst, dass hier ein gewisser Standard gewährleistet sein muss. Das Wasser muss klar, sauber und frei von Gerüchen sein. Durch gewisse technische Maßnahmen, die einfach einzuhalten sind, werden weder der Benutzer, noch Leitungen, Armaturen oder andere Gerätschaften gefährdet.

Der Unterschied zwischen Trink- und Regenwasser

Jeden Tropfen Trinkwasser, den wir verwenden, war einmal Regenwasser. Durch den immerwährenden Kreislauf Niederschlag, Abfluss und Verdunstung werden wir mehr oder weniger gleichmäßig mit Wasser versorgt. Unglücklicherweise ist die Entnahme von Grundwasser häufig größer als die Rückführung über Regenwasser. Dies trifft für einige Ballungsgebiete zu und führt zu massiven Schäden in der Natur. Durch das bedrohliche Absinken des Grundwasserspiegels treten allmählich Versalzungen auf, Quellen versiegen und Bäche und Biotope sterben langsam ab. Deshalb sollte man bestrebt sein, dieser drohenden Entwicklung entgegenzuwirken und seinen Wasserverbrauch durch Regenwassersammlung und -nutzung zu reduzieren.

Die Verwendung von Regenwasser im Haushalt beschränkt sich jedoch ausschließlich auf:
• Toilettenspülung
• Putzen und allgemeine Reinigungsarbeiten
• Gartenbewässerung und Teichwassereinspeisung
• Wäsche waschen

Regenwasser ist ungeeignet für den Trinkgenuss, eignet sich nicht für die Körperpflege und sollte auch nicht für den Geschirrspüler verwendet werden. Im Grunde genommen ist Regenwasser ein destilliertes Wasser, was alle Qualitätsansprüche bedenkenlos erfüllen würde. Leider nimmt es auf seinem Weg aus den Wolken über Dä-

cher und andere Auffangflächen eine Vielzahl von Stoffen auf, die wir von unserem Wasser fern halten wollen. Dies sind Staub, organische Massen wie Vogelkot, Abrieb von Materialien oder Gase, also eine regelrechte Schmutzfracht.

Trinkwasser in Deutschland ist nach den strengen Kriterien unserer Trinkwasserverordnung aufbereitetes Wasser. Dank seiner hervorragenden Qualität kann man es als Lebensmittel bezeichnen. Der Härtegrad des Trinkwassers sowie dessen pH-Wert ist von der jeweiligen Herkunft und seiner Aufbereitung abhängig. Der Härtegrad eines Trinkwassers lässt sich mit einfachen Indikatorlösungen rasch bestimmen. Wenn man das Pech hat, in einem Gebiet mit sehr hartem Trinkwasser zu wohnen, kann man nur Abhilfe über eine Enthärtungsanlage schaffen.

Der Trinkwasserbedarf in Deutschland

Wenn man in der Fachliteratur schmökert, findet man unterschiedliche Verbrauchszahlen, die ein Bundesbürger täglich an Trinkwasser benötigt. Der Wasserverbrauch in den neuen Bundesländern liegt leicht unter dem Bundesdurchschnitt. Die Zahlen schwanken zwischen 137 und 160 Litern pro Kopf. Eine riesige Menge, erst recht, wenn man bedenkt, dass die Mehrzahl der Menschheit mit einem Bruchteil davon auskommen muss. Den weitaus größten Teil verwenden wir für die Körperpflege, gefolgt von der WC-

Spülung. Ein wesentlicher Anteil wird durch Wäsche waschen verbraucht; Geschirr spülen macht rund zehn Liter pro Kopf und Tag aus. In der Grafik S. 11 sind die einzelnen Verbrauchsquellen in Mengen und Prozentzahlen aufgegliedert.

Trinkwasser sparen nur durch Nachdenken

Es gibt eine ganze Reihe von Möglichkeiten, beim Trinkwasserverbrauch zu sparen, ohne dass gleich Investitionen zu tätigen sind. Man braucht eigentlich nur etwas nachdenken und seine liebgewordenen, täglichen Gewohnheiten geringfügig abändern. Mit den aufgezeigten Möglichkeiten können täglich 35 bis 50 Liter Trinkwasser eingespart werden; dies müsste es eigentlich Wert sein, einmal darüber nachzudenken.

- Warum dreht man beim Zähne putzen nicht einfach den Wasserhahn zu, sondern lässt ihn laufen?
- Duschen verbraucht wesentlich weniger Wasser als Baden, und überhaupt: muss jeder täglich duschen?
- Tropfende Wasserhähne bedeuten Wasserverschwendung; bis zu 5000 Liter verlieren sie im Laufe eines Jahres, das entspricht dem Wasserinhalt von 313 Kästen Mineralwasser.
- Halb gefüllte Wasch- und Geschirrspülmaschinen haben den gleichen Wasserverbrauch wie voll beladene Maschinen.
- Müssen unsere Autos wirklich jede Woche in die Waschanlage?
- Rasen übersteht, sofern es sich nicht um Neuanlagen handelt, große Hitzeperioden auch ohne Wasser, da er sich regeneriert; andere Gartenpflanzen versorgt man aus der Regentonne.
- Beim Neukauf von Wasch- oder Spülmaschinen sollte man auf Wasser sparende Modelle zurückgreifen.
- Bei neu installierten Toilettenspülungen sind häufig Wassersparmöglichkeiten vorgegeben, die man dann auch nutzen sollte. Ein nachträglicher Einbau ist bei vielen Modellen möglich.

Der Umgang mit Regenwasser

Auf den vorausgegangenen Seiten wurde bereits mehrfach auf die Verwendungsmöglichkeiten von Regenwasser hingewiesen. Ist der Entschluss der Regenwasserrückhaltung gefasst worden, muss man sich klar darüber werden, in welcher Form das gesammelte Regenwasser genutzt werden soll. Beschränkt sich die Verwendung lediglich auf den Garten, sind die Investitionen wesentlich geringer, als wenn eine Nutzung für eine Toilettenspülung oder gar eine Waschmaschine mit angestrebt wird. Im nebenstehenden Kasten sind die wichtigsten Verwendungsmöglichkeiten von Regenwasser aufgelistet. Im Verlauf des Buches wird auf die einzelnen Möglichkeiten genauer eingegangen.

Regenwasser sammeln – ein geschichtlicher Rückblick

In der Zeit, als es bei uns noch nicht selbstverständlich war, dass Wasser in unbegrenzten Mengen aus dem Hahn sprudelte, hat man sich weitaus mehr Gedanken darüber gemacht, wie man an das kostbare Nass kommen kann und wie man es am zweckmäßigsten speichert. Ägypter, Griechen, Römer – alle Vorfahren haben sich ständig Gedanken machen müssen, wie sie an Wasser kommen, wie sie es transportieren und speichern können. Je schwieriger es war, an Wasser zu kommen und je widriger die klimatischen Bedingungen waren, desto aufwändiger waren dafür die Baulichkeiten.

In Gegenden ehemaliger römischer Niederlassungen findet man beeindruckende Zeugnisse der Wasserbevorratung. Die Stadt Nîmes im Süden von Frankreich ist hierfür ein sehr gutes Beispiel. Diese von den Römern gegründete Stadt wurde damals über ein weitreichendes Wasserversorgungsnetz mit Trinkwasser versorgt. Noch heute kann man in Pont du Gare einen Großteil dieser Anlage bewundern, allerdings wurden in vergangenen Tagen viele Bereiche der kunstvollen Anlage abgerissen und zum Bau von Häusern verwendet. Pont du Gare liegt etwa 20 km nordöstlich von Nîmes entfernt in den Bergen. Die Wasserleitung mit einem ausgeklügelten System reichte bis mitten in die Stadt Nîmes, wo man heute noch mehrere Wasserentnahmestellen aus dieser Zeit besichtigen kann.

Andere Zeugnisse römischer Wasserwirtschaft findet man in Nordspanien, in Rom und vor allem auch in Pompeji bei Neapel. In Nordafrika haben sich die Römer sehr lange aufgehalten und ihre Spuren hinterlassen: Im Landesinneren von Tunesien wurden ganze Städte für pensionierte Soldaten errichtet. Nur wenige Kilometer außerhalb der Hauptstadt Tunis befindet sich eine riesige Wasserleitung, die über eine Strecke von mehr als 80 Kilometern Wasser aus den Bergen in diese Städte leitete.

Auf zahlreichen Schlössern, Burgen und Ruinen kann man heute noch alte Zisternen und Brunnenanlagen besichtigen, die mit riesigem Aufwand in den Fels getrieben wurden. Eine sehr schön erhaltene Zisterne einschließlich Filteranlage kann auf der Burg Neurathen im Elbsandsteingebirge auf der Bastei besichtigt werden. Sie ist einer der größten Zisternen in der Sächsischen Schweiz. Die Entstehung dieser Wasserspeicheranlage geht auf das 14. Jahrhundert zurück und ist ein Zeugnis für die Weitsichtigkeit der Menschheit aus dieser Epoche.

Auf einer der größten Burgruinen von Deutschland, der Burg Kusel, kann man gleich mehrere Zisternen sehen. Da die Burg auf reinem Fels steht, wurden die Zisternen ausschließlich mit Regenwasser gefüllt, eine Verbindung zu unterirdischen Quellen oder Wasseradern besteht nicht.

Eine weitere bemerkenswerte und begehbare Zisterne befindet sich im Elsaß in dem kleinen Örtchen La Petite Pièrre. Auf einer Felseninsel ragt hier eine Burganlage weit in ein tief liegendes Tal hinein. Die Zisterne selbst befindet sich in einiger Entfernung von der Burg am Ortsende.

Bedingt durch unsere geographische Lage und ihrem hohen Wasserdar-

---

● **Die wichtigsten Verwendungsmöglichkeiten von Regenwasser auf einen Blick**

Verwendung	Vorteile	Nachteile
Garten gießen	Wasserersparnis	keine
allgemeine Reinigungsarbeiten (Treppe putzen, Boden wischen, Hof abspritzen usw.)	Wasserersparnis	keine
Teichzulauf	Regulierung des Wasserniveaus	evtl. Nährstoffanreicherung
Bachlauf	automatische Frischwasserzufuhr	technisch etwas aufwändiger
Versickerungsmulde	ökologisch wertvoll	keine
Toilettenspülung	Wasserersparnis	erfordert höheren technischen Einsatz
Waschmaschine	weiches Wasser, Ersparnis an Waschmittel und Weichspüler	erfordert höheren technischen Einsatz

gebot sowie einer zunehmenden Technisierung unserer Wasserwirtschaft, hat sich im Laufe der Jahre bei der nordeuropäischen Bevölkerung eher eine Gleichgültigkeit gegenüber dieser Thematik eingeschlichen. Hier gilt es nun langsam umzudenken.

Regenwasser auffangen

Auffangflächen für Regenwasser gäbe es ausreichend, wenn diese nicht noch zusätzliche Probleme durch Schadstoffbelastung oder Stoffausscheidungen aufgrund chemischer Reaktionen mit dem Regenwasser bereiten würden. **Hofeinfahrten, Abstellplätze, Wege, Parkplätze** oder andere freie Flächen sind, obwohl bei Regen Tausende von Litern Wasser auf ihnen geradewegs in die Kanalisation laufen, für eine Regenwassersammlung weitgehend ungeeignet. Das auf derartigen Flächen ablaufende Wasser ist stark verschmutzt und gegebenenfalls auch mit Schadstoffen belastet, so dass selbst nach sorgfältiger Filterung, wie bei der Regenwasserverwertung inzwischen üblich, ein Auffangen nicht sinnvoll erscheint (Reifenabrieb, Öle, Fette).

Grasbewachsene Gartenflächen mit einem Teich in Hanglage eignen sich durchaus als Regenwassersammler. Voraussetzung ist eine dichte Grasnarbe, die verhindert, dass Schmutz oder Erde beim Abfließen mit in den Teich gelangen.

Linke Seite: Das römische Aquädukt Pont du Gare bei Nîmes in Südfrankreich.

Hausdächer bieten zwar geeignete Flächen zum Auffangen von Regenwasser, doch selbst hier ergeben sich noch große Unterschiede in Qualität, Menge und Grad der Verunreinigung. Die Bauart und das Baumaterial beeinflussen stark die Qualität des Regenwassers: Je steiler ein Dach ist, desto kleiner sind damit die Probleme, denn die Schmutz- und Staubansammlungen sind auf steilen Flächen geringer als auf flachen.

Dacheindeckungen aus Tonziegeln, Schieferplatten oder Betonsteinen haben keinen Einfluss auf die Wasserqualität, sofern sie nicht zu stark mit Laub oder Vogelkot verschmutzt sind. Im Juragebiet werden Häuser traditionsgemäß sehr oft noch mit Kalksteinschindeln gedeckt, hier ist mit Sicherheit mit einer Anhebung des pH-Wertes beim Regenwasser zu rechnen. Auf Schindeldächern konnte eine höhere Belastung von Pilzen, Bakterien und Algen festgestellt werden.

Neue Bitumen- und Dachpappendächer können zu leichten Verfärbungen des Wassers führen, was sich aber im Laufe der Zeit legt. Kritischer sind da schon die etwas älteren Eindeckungen aus Eternit, deren Asbestfasern und möglicher Abrieb zu einem echten Problem geworden sind. Bei einer Verwendung des Regenwassers ausschließlich für den Garten spielt dies aber keine Rolle.

Bedenklich **sind Dacheindeckungen aus Metall**, wie Eisen, Aluminium, Zink, Kupfer und Blei. Hierüber abfließendes Wasser ist mit Schwermetallen angereichert. Aluminium, Kupfer und Zink bilden bei Feuchtigkeit ein Oxid, das äußerst giftig für

Das alte Schieferdach kann problemlos zur Regenwassersammlung herangezogen werden. Durch die glatte Oberfläche und den steilen Dachneigungswinkel hat es einen günstigen Abflussbeiwert.

Alte Eternitdächer sollten wegen ihres Gehaltes an Asbest nicht für die Regenwassersammlung herangezogen werden.

Pflanzen ist. Aus diesem Grund sollte Regenwasser, das über solche Flächen abgeflossen ist, nicht gesammelt und für die Gartenbewässerung eingesetzt werden.

Kiesbedeckte Dachflächen, wie Garagen- oder Flachdächer, würden sich durchaus zur Sammlung großer Mengen Regenwasser eignen, neigen aber sehr rasch zu starker Verschmutzung, da der Wasserablauf zu langsam ist.

Gründächer mit Gras- oder Staudenbewuchs sind auf ihre Weise auch eine Möglichkeit der Regenwassernutzung, eher jedoch eine Variante der Regenwasserrückhaltung. Sie verbrauchen durch Speicherung, Aufnahme durch die Pflanzen sowie Verdunstung rund 80 Prozent der Niederschlagsmenge und sind somit als Sammler für ein Zisternensystem ungeeignet. Auf S. 80 ff. wird auf dieses Thema noch näher eingegangen.

Aus dem Dachmaterial sowie dem Neigungswinkel eines Daches ergibt sich der so genannte Abflussbeiwert. Dies ist ein wichtiger Multiplikator, der bei der Berechnung des Regenwasserertrags zu berücksichtigen ist. Bei einem geneigtem Dach oder auch einem Flachdach mit leichtem Gefälle liegt der Abflussbeiwert bei etwa 0,75. Das bedeutet, dass vom Gesamtniederschlag nur 75 Prozent über die Dachrinne in den Kanal oder in das Zisternensystem fließen und der Rest verdunstet. Je steiler und glatter ein Dach ist, desto günstiger ist auch sein Abflussbeiwert (siehe nebenstehende Tabelle).

🔵 Abflussbeiwert-Tabelle			
Dacheindeckung	**Neigungswinkel**	**Abflussbeiwert**	**Bemerkung**
Bitumen, Kunststoff, Metall	< 15°	0,8	bester Ablauf
Ziegel oder Betonsteine	> 15°	0,75	guter Ablauf
Bitumen, Metall, Kunststoff (ohne Kiesschüttung)	Flachdach	0,7	noch gut
Bitumen, Metall, Kunststoff (mit Kiesschüttung)	Flachdach	0,6	nur noch $^1/_3$ der Auffangmenge
Grasdach	Steildach	0,25	ungenügend
Gründach mit Bepflanzung	Flachdach	0,2	zur Sammlung ungeeignet

Bodenversiegelung – Bodenentsiegelung

In den vergangenen Jahren ist es in vielen Bereichen der deutschen Flusslandschaft immer wieder zu verheerenden Hochwasserständen gekommen, die immense Schäden verursacht haben. Unglücklicherweise betrifft das auch Regionen, die zwar hochwassergefährdet sind, durch geeignete Vorsorgemaßnahmen bisher aber verschont wurden. Gründe hierfür sind einerseits besonders starke Niederschläge und witterungsbedingte Einflüsse, die auf weltweite Klimaveränderungen zurückzuführen sind. Andererseits sind sich Fachleute darüber einig, dass überhöhte Hochwasserabflussspitzen im Wesentlichen auf drei Ursachen zurückzuführen sind:

• Kanalisierung und Begradigung von Flüssen und Bachläufen,
• zu rasche und fast vollständige Ableitung von Niederschlagswasser über kommunale Abwasser-Systeme,
• stark voranschreitende Versiegelung von Versickerungsflächen.

Es gibt vielerlei Möglichkeiten, Regenwasser versickern zu lassen. Mit Ausnahme der Flächenversickerung sind für alle anderen Lösungen fast immer Genehmigungen seitens der zuständigen Behörde notwendig. Zwei Grundvoraussetzungen sind eine geeignete Bodendurchlässigkeit und ein ausreichender Abstand zum Grundwasser, mindestens 1,50 m. Die geologischen Parameter einer Fläche, und ob diese eine Versickerung überhaupt zulassen, erfragt man am besten bei der örtlichen Behörde, wie

Bau- oder Umweltamt. Zumeist liegen dort auch geologische Karten vor, wo man sich über Art und Beschaffenheit des anstehenden Bodens informieren kann.

Ob sich die Flächen im und um das eigene Grundstück generell eignen, kann mit einem einfachen Versuch selbst bestimmt werden. Zu dem Versickerungsversuch steckt man eine Fläche von der Größe 50 × 50 cm ab und entfernt den Mutterboden in seiner Gesamttiefe. Anschließend gräbt man 20 cm tief in den gewachsenen Boden und schachtet säuberlich aus. Die Sohle der Ausschachtung bedeckt man nun mit einer 1 bis 2 cm dicken Grobkiesschicht. Sollte die Grube sehr trocken sein, ist es ratsam, Wandung und Boden gut anzufeuchten, da sich genaue Ergebnisse nur im feuchten Boden erzielen lassen. Als nächstes wird ein Zollstock oder Maßband an einem Lattenstück befestigt und in den Boden eingesetzt.

Jetzt kann der eigentliche Versuch beginnen, indem das Loch geflutet wird. Die Wasserfüllung sollte bis auf die Höhe des Mutterbodens erfolgen. Den Wasserstand liest man an dem eingelassenen Maßband ab und hält den Wert auf einer vorbereiteten Liste fest. Nach 30 Minuten Einwirkzeit des Wassers auf diese Fläche können erste Ergebnisse abgelesen werden. Mit einem Messbecher füllt man nun die fehlende Wassermenge bis zur ursprünglichen Markierung wieder auf, wobei die Summe des nachgefüllten Wassers der Menge der Versickerung innerhalb eines festgelegten Zeitraumes entspricht. Um sicher zu gehen, ist es ratsam, den Versuch so lange zu

wiederholen, bis sich deckungsgleiche Messwerte ergeben.

Bei einem Wasserverlust von weniger als fünf Litern innerhalb des 30-Minuten-Versuchs ist eine Versickerungsfläche ungeeignet. Bei mehr als sieben Litern ist sie möglich und bei mehr als zehn Litern sogar sehr gut möglich.

Betrachtet man sein Haus und Grundstück einmal ganz intensiv, so entdeckt man erstaunlich viele Flächen, die buchstäblich zugepflastert sind, es aber gar nicht sein müssten. Viele Märkte, Hotels oder Großkonzerne sind seit langem dazu übergegangen, ihre Kunden auf Parkplätzen mit Rasengittersteinen parken zu lassen, wohlwissend, der Versiegelungssteuer zu entgehen und gleichzeitig etwas ökologisch Wertvolles zu tun.

Auch im privaten Bereich lässt sich einiges tun. In der nebenstehenden Tabelle sind mehrere Möglichkeiten aufgeführt. Durch diese Maßnahmen wird ein Grundstück nicht nur optisch aufgewertet, sondern eine Regenwasserrückhaltung und -neubildung vor Ort bewirkt. Zusätzlich spart man Kosten, die vielerorts bereits erhoben werden. Zudem haben sich viele Kommunen entschlossen, derartige Entsiegelungsmaßnahmen finanziell zu fördern. Hier sollte man bei den einzelnen Gemeinden vorsprechen.

Pro Quadratmeter versiegelter Fläche, deren Regenwasser über die Kanalisation ablaufen, entstehen jährlich Kosten zwischen 2,– bis 5,– DM pro Quadratmeter. Unsere Abwasserkosten sind in den letzten zehn Jahren um das Drei- bis Zehnfache gestiegen.

● Entsiegelungsmöglichkeiten mit Materialvorschlägen

Fläche	Rasen-fläche	Kies- oder Splitt-decke	Schotter-rasen	Holz-roste	Holz-pflaster	Rasen-gitter-steine	Rasen-fugen-pflaster	Rasen-wabe	Poren-pflaster	Einzel-platten	Dränage-fähige Platten und Beläge
Garagenzufahrt	–	+	+	–	–	+	+	*	+	+	+
KFZ-Stellplatz	–	+	+	–	–	+	+	+	+	+	+
Garagenzugang	–	*	*	*	*	+	+	*	+	+	+
Hauseingang	–	–	–	–	–	–	+	–	+	–	+
Innenhof	+	–	–	*	+	–	+	–	+	–	+
Terrasse	–	*	–	*	+	–	+	–	+	–	+
Gartenweg	–	+	–	*	*	*	+	–	+	+	+
Wäscheplatz	+	–	–	+	+	+	+	+	+	+	+
Sitzecke	+	–	–	+	+	–	+	–	+	*	+
Mülleimerplatz	–	+	+	+	+	+	+	+	+	+	+
Spielflächen	+	–	–	–	–	–	–	–	–	–	*
ungefähre Kosten/m² (inklusive Einbau)	20,–	30,–	45,–	120,	90,–	80,–	90,–	80,–	100,–	45,– bis 120,	80,– bis 120,–

+ sehr gut geeignet   * bedingt geeignet   – nicht geeignet

21

Oben: Rasengittersteine auf einem Parkplatz sind eine preiswerte Variante der Bodenentsiegelung.

Links: Diese Garageneinfahrt hat einen Grünstreifen in der Mitte – die einfachste Art, einer kompletten Bodenversiegelung entgegen zu wirken.

Wenn man sich nun entschlossen hat, bestimmte Oberflächen seines Grundstückes gegen wasserdurchlässige Beläge auszutauschen, dann müssen sehr häufig auch die Tragschichten mit ausgewechselt werden. Diese sind meist nur gering wasserdurchlässig und würden Staunässe verursachen. In der nebenstehenden Tabelle sind verschiedene wasserdurchlässige Oberflächen mit den dafür günstigen Tragschichten aufgeführt.

Beim Verlegen von Rasengittersteinen, Rasenfugenpflaster und der Rasenwabe werden gerne Fehler gemacht, die sich eigentlich vermeiden ließen. Leider sehen deshalb die Rasenflächen entsprechend negativ aus und wirken eher abschreckend. Zunächst einmal liegt es am Mutterboden, der in die Gittersteine bezie-

Der Arbeitsaufwand für eine Entsiegelung kann sehr unterschiedlich sein; im ungünstigsten Fall muss eine armierte Betonfläche entfernt werden, was mitunter viel Mühe und Kosten bereiten kann und nur mit Spezialgeräten überhaupt möglich ist. Pflaster- oder Schotterdecken sind einfacher zu handhaben, sofern sie nicht durch Beton- oder Mörtelzugaben stabilisiert worden sind.

● Unterbau und Material für wasserdurchlässige Beläge

Entsiegelungsmaßnahmen	geeignete Tragfläche als Unterbau
Rasenfläche	20–30 cm Mutterboden Sandbeimischung je nach Bodenart
Kiessplittdecke	5–6 cm Splitt oder Kies 15–30 cm Schottertragschicht 16/32
Schotterrasen	15 cm Schotter-Mutterbodengemisch 8/16 15–30 cm Schottertragschicht 16/32
Holzroste	3–5 cm Holzroste 10 cm Kantholz 3 cm Splitt 10–15 cm Schottertragschicht
Holzpflaster	8–10 cm Holzpflaster 3–5 cm Sand oder Splitt 15–20 cm Schottertragschicht 8/16 bis 16/32
Rasengittersteine	Rasengittersteine mit Mutterboden 3–5 cm Sand oder Splitt 20–30 cm Schottertragschicht 8/16 bis 16/32
Rasenfugenpflaster	Pflastersteine mit erdverfüllten Fugen 3–5 cm Sand oder Splitt 20–30cm Schottertragschicht 8/16 bis 16/32
Rasenwabe	4–5 cm Kunststoffwabe mit Mutterboden verfüllt 3–5 cm Sand oder Splitt 20–30 cm Schottertragschicht 16/32
Porenpflaster	3–5 cm Sand oder Splitt 25–30 cm Schottertragschicht 8/16 bis 16/32
Dränagefähige Platten und Beläge	3 cm Platten oder Beläge 0,5 cm Feinplanum Splitt 30 cm Schotterschicht 8/16
Trittplatten	3–5 cm Sand oder Splitt Schotterschicht nicht notwendig

hungsweise in die Fugen gefüllt wird. Er sollte hochwertig und ohne Kies- oder Steinanteil sein, außerdem über ausreichend Humus verfügen, damit er eine gute Wasserspeicherkapazität besitzt. Nicht umsonst sieht man im Sommer diese kümmerlichen Steine, in deren Aussparungen ein verdorrtes Klümpchen Erde mit vertrockneten Gräsern steckt.

Es reicht auch nicht ein Füllgang mit Mutterboden. Es muss zwei- bis dreimal nachgefüllt werden, wobei die Erde am besten leicht eingeschlämmt wird. Erst, wenn alles sich gesetzt hat und die Erde in den Steinen wieder abgetrocknet ist, kann ausgesät werden.

Für die Aussaat stehen ganz spezielle und sehr robuste Rasensamenmischungen zur Verfügung, die im Fachhandel erhältlich sind. Es macht wenig Sinn, normale Rasenmischungen wie

von oben nach unten:
Ein sehr robuster Rasengitterstein, in dessen Zwischenräumen aber mehr Wildkräuter als Grasarten wachsen.

Bei richtiger Anlage und Pflege wachsen spezielle Grasarten sehr gut in den erdgefüllten Zwischenräumen der Rasengittersteine.

Die Zapfen an diesem Rasengitterstein gewährleisten einen gleichmäßigen Abstand von Stein zu Stein. Regenwasser kann hier problemlos versickern.

Die Kunststoffrasenwabe ist eine preiswerte Variante für die Versickerung auf Parkplätzen. Sie eignet sich nicht für sehr schwere Fahrzeuge.

Berliner Tiergarten, Sportrasen oder Zierrasen für diesen Zweck zu verwenden. Die Spezialmischungen verfügen über andere Gräser, die sich durch besondere Robustheit auszeichnen. Die Zusammensetzungen dieser Grasmischungen sowie deren benötigte Mengen sind in den nebenstehenden Kästen aufgeführt.

Eine weitere interessante Möglichkeit der Flächenentsiegelung ergibt sich mit dem Einbau von versickerungsfähigem Betonpflaster. Die Steine, die es in den unterschiedlichsten Formen und Farbkombinationen gibt, sind so konzipiert, dass sie je nach Steintyp mindestens 600 Liter Regenwasser pro Sekunde und Hektar (mittlerer Abflussbeiwert) in den Untergrund abfließen lassen. Die Oberfläche dieser Steine wirkt wie ein Sieb; kleine Partikel werden nach unten abgeschwemmt, größere nach oben abgefiltert. Die Belastbarkeit hängt im Großen und Ganzen von der Tragschicht ab. Diese sollte ein filterstabiles Schottergemisch mit einer Wasserdurchlässigkeit von $5,4 \cdot 10^{-5}$ Meter pro Sekunde haben.

Schöne Verlegevarianten ergeben sich insbesondere durch die Kombination verschiedener Steinformen und -farben. Geeignet sind diese Steine für Innenhöfe, Eingänge oder Wege.

Das Verlegen der unterschiedlichsten, wasserdurchlässigen Beläge erfolgt immer nach dem gleichen Prinzip, wenngleich die Trag- und Feinschichten wie auch das Verfugungsmaterial unterschiedlich sein können.

Nach dem Aufbrechen der versiegelten Fläche wird das gesamte vorhandene Material bis auf den gewachsenen Boden ausgehoben. Die ehemaligen Tragschichten sind häufig zu mächtig und fast immer zu stark verdichtet. Je nach Material können sie auch wieder verwendet werden. Die Höhe der Tragschicht ist abhängig von der Art der Benutzung. Es versteht sich von selbst, dass ein Parkplatz höheren Gewichtsbelastungen ausgesetzt ist als ein Garagenzugang. Man sollte mit einem Stampfer oder einer Rüttelplatte die Tragschicht so weit verdichten, dass die Flächen nicht nachträglich sacken können.

Über die Tragschicht kommt eine feine Sand- oder Splittabdeckung als

---

Parkplatzrasen – Standard RSM 5.1.1

2,0 %	Achillea millefolium
15,0 %	Festuca rubra 'Pernille'
5,0 %	Festuca trichophylla 'Mocassin'
40,0 %	Lolium perenne 'Elegana'
38,0 %	Poa pratensis 'Conni'

25 Gramm/m²

Parkplatzrasen mit Klee und Kräutern Hesa M 302

15,0 %	Festuca trichophylla 'Scorpio'
15,0 %	Lolium perenne 'Juwentus'
20,0 %	Lolium perenne 'Superstar'
20,0 %	Poa pratensis 'Conni'
10,0 %	Poa annua
10,0 %	Poa compressa
15,0 %	Blumen und Kräuter

10 Gramm/m²

Versickerungsfähige Betonpflastersteine gibt es in vielen Formen und Farben.

Versickerungsfähige Betonsteine sind porös und werden trocken verlegt.

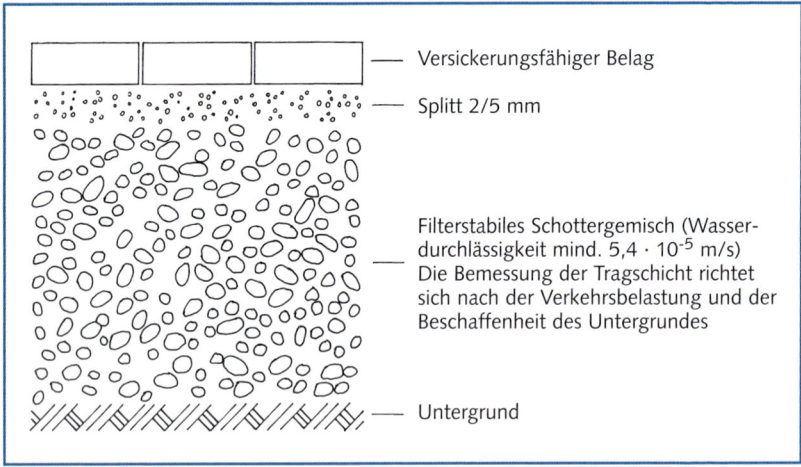

Versickerungsfähiger Belag

Splitt 2/5 mm

Filterstabiles Schottergemisch (Wasserdurchlässigkeit mind. $5,4 \cdot 10^{-5}$ m/s) Die Bemessung der Tragschicht richtet sich nach der Verkehrsbelastung und der Beschaffenheit des Untergrundes

Untergrund

Unterbau für versickerungsfähige Beläge

Ausgleichsschicht, die ein sauberes Verlegen der Beläge ermöglicht. Durch diese Schicht sind gleichzeitig noch Korrekturen eines eventuell notwendigen Gefälles zu regulieren. Verfugungsmaterial ist in der Regel Quarzsand, da er ein Verrutschen der einzelnen Belagselemente verhindert. Gleichzeitig sorgt er aber für eine ungewollte Verdichtung und ist daher nicht immer zu empfehlen. Sinnvoll ist er in jedem Fall bei Holzpflaster, das ohne Verfugung keinen Halt bekommen würde.

Möglichkeiten der Regen-wassersammlung

Regenwasser gibt es bei uns zwar reichlich, aber nicht immer dann, wenn es gerade gebraucht wird. Deshalb muss es auf irgendeine Weise aufgefangen und gespeichert werden. Wenn man so will, eignet sich hierfür jeder Behälter, sofern er von seiner Konstruktion und seinem Material so beschaffen ist, dass das Wasser sich auch darin hält. Verrostete Tonnen oder Behälter mit fettigen, öligen oder anderen chemischen Rückständen sind also ungeeignet, vor allem dann, wenn das gespeicherte Wasser hinterher in Haus und Garten Verwendung finden soll.

Die Regentonne

Früher waren Regenspeicher in vielfältigsten Formen, Materialien und Farben in jedem Garten zu finden, um mit dem darin gesammelten Wasser die Pflanzen im Garten und auf dem Balkon zu gießen.

Zwischenzeitlich waren Regentonnen weitgehend in Vergessenheit geraten; erst seit der „Wiederentdeckung" der Regenwassersammlung und -nutzung erleben sie eine Rennaissance in technisch aufwändigerer Ausführung und mit vielem neuen Zubehör. Die neue Generation der Regentonnen gibt es mit einem Volumen von 250 bis 1000 Litern Inhalt. Die Behälter sollten aus UV-beständigen Kunststoffen bestehen und auf ihre Größe bezogen so dickwandig sein, dass sie sich nicht verformen.

Regentonnen sollten immer eine Abdeckung haben, die Lichteinfall und somit Wärmeentwicklung verhindert. Gleichzeitig erreicht man einen wirksamen Schutz für Kleintiere und Vögel, da diese nicht in die Behälter fallen können. Bei manchen Herstellern ist im Deckel eine Aussparung vorgesehen, die ein müheloses Einklinken des Fallrohrs ermöglicht. Sollte der Deckel nicht schon von vornherein mit einer Sollbruchstelle versehen sein, kann man ihn problemlos mit einer Stichsäge aufschneiden.

Die Farbe der Regentonne ist wichtig: dunkle Farbtöne wie schwarz, braun oder grün verhindern Lichteinwirkung auf das gesammelte Wasser, das bei Licht sofort stark veralgen würde. Gleichzeitig bleibt das Wasser kühler und dadurch auch länger frisch. Es ist daher auch ratsam, die Wassertonne an einem möglichst schattigen Platz aufzustellen.

Probleme bereitet eine Regentonne durch ihre Größe: sie ist zu klein um hohe Niederschlagsmengen aufzufangen, und die darin angesammelten Mengen reichen nur kurzfristig aus. Tonnen mit einem Volumen von 150 bis 200 Litern haben zudem noch einen wesentlichen Nachteil: wenn es länger nicht geregnet hat,

Ein Hinkelstein ist zweifellos eine der originellsten Regenwassertonnen.

gelangt der gesamte Schmutz des Daches mit dem ersten Regen in die Tonne. Sobald diese voll ist, läuft das überschüssige und vor allem saubere Regenwasser aus der Tonne über in den Kanal. Zurück bleibt eine Tonne, gefüllt mit mehr oder weniger stark belastetem Regenwasser. Abhilfe schafft hier eine Filterweiche, die durch den so genannten Erstverwurf das belastete Wasser in den Kanal ableitet.

Regentonnen gibt es in runden und eckigen Ausführungen, relativ neu sind Tonnen in Hinkelsteinform. Hier kann man zwischen sandstein- und granitfarbigen Ausführungen wählen.

Regentonnen-Zubehör

Die einfachste Art, Regenwasser kontrolliert abzufangen, geschieht über die **Regenwasserablaufklappe**. Sie wird bei Bedarf von Hand geöffnet oder geschlossen, verhindert aber nicht, dass die Tonne überläuft.

Ein wirksamer Überlaufschutz kann mit dem **„Regenfux"** erbracht werden. Dieses einfache Kunststoffteil leitet das Regenwasser in den Kanal um, sobald die Tonne voll ist. Zur näheren Erläuterung dient die nebenstehende Zeichnung.

Regenwasser hat die Eigenschaft, bevorzugt an der Wandung des Fallrohrs herunterzufließen. Diese physi-

Die Fallrohrklappe ist sicherlich die einfachste Art der Regenwassersammlung, man darf nur das Öffnen nicht vergessen!

kalische Besonderheit kann man sich mit Hilfe eines **Regensammlers** zunutze machen. Der Sammler aus Hartkunststoff passt auf jedes Fallrohr. Er hat in der Mitte einen Auffangring, der in einen seitlichen Ablaufstutzen mündet. Der verbleibende Durchfluss von dem Auffangring ist so dimensioniert, dass auch bei starkem Regen ein Überlaufen ausgeschlossen ist. Wird der Regensammler so montiert, dass

der maximale Wasserstand im Sammelbehälter geringfügig über dem Niveau des Auffangrings liegt, laufen alle überschüssigen Regenmassen in den angeschlossenen Kanal ab. Die Regentonne muss dabei nicht in unmittelbarer Nähe des Sammlers stehen, da die Verbindung über einen $^3/_4$-Zoll-Schlauch erfolgt. Mit einer beigefügten Verschlusskappe kann die Regentonne auf Winterbetrieb gestellt werden.

Ein weiteres interessantes Zubehörteil ist der **Regendieb**®. Er reinigt das Regenwasser zuverlässig von groben Schmutzpartikeln über schräg liegende Edelstahlsiebe. Durch die große Filterfläche hat er einen Wirkungsgrad von 90 Prozent. Durch ein zusätzliches Reduktionsset kann das Gerät an praktisch alle Fallrohrgrößen angeschlossen

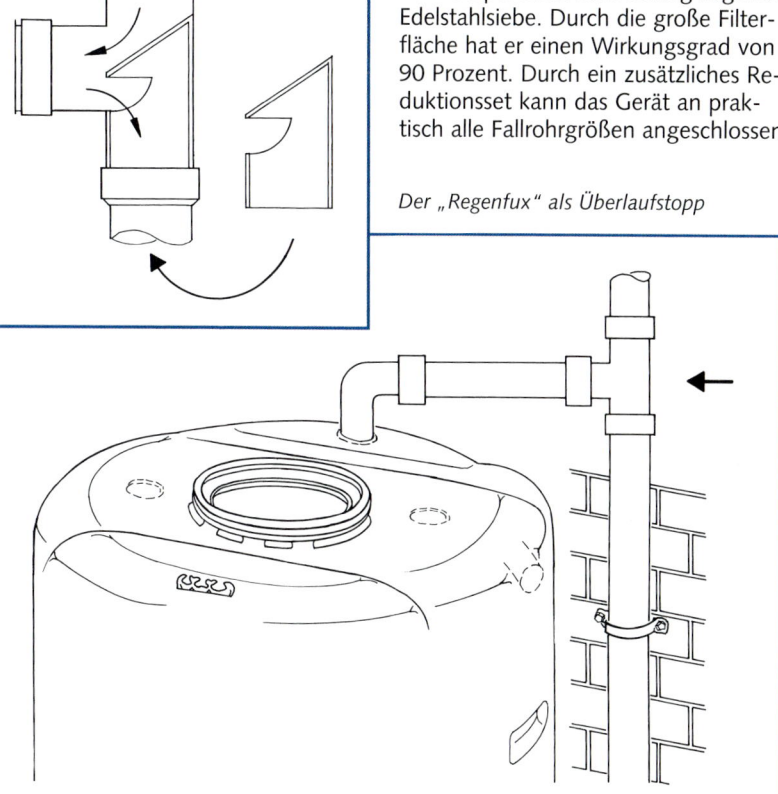

Der „Regenfux" als Überlaufstopp

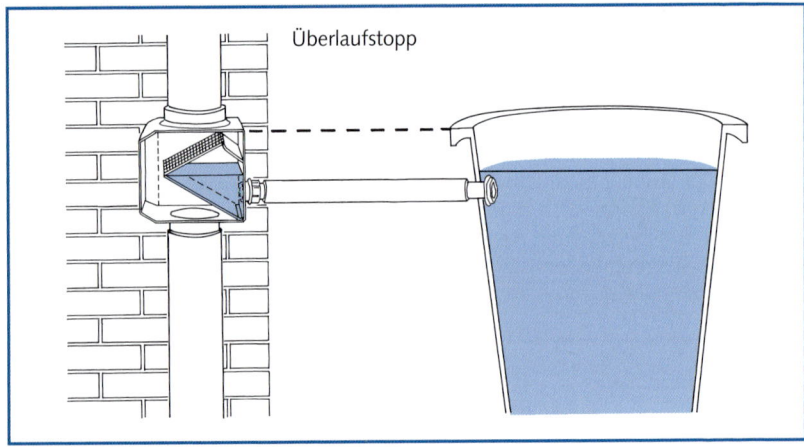

Überlaufstopp

Bei richtigem Einbau funktioniert der Regendieb® als Überlaufstopp

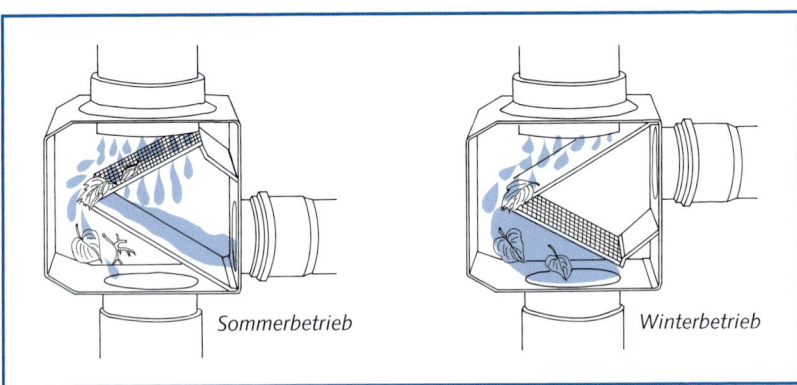

Sommerbetrieb

Winterbetrieb

Funktionsweise des Regendiebes®

werden. Der Regendieb® lässt sich als Überlaufstopp einsetzen.

Bei einer gefüllten Tonne staut sich das Wasser zurück und läuft über den Kanal ab. Obwohl das Gerät nicht für den Winterbetrieb geeignet ist, muss es im Winter dennoch nicht ausgebaut werden. Durch eine Drehung des Filters um 180 Grad stellt man ihn von

Sommer- auf Winterbetrieb ein. Den Regenwassersammler und den Regendieb® bekommt man in den Farben grau oder braun.

Recht neu auf dem Markt ist ein **Filtersammler**. Der eingebaute Filter leitet Schmutz mit nur maximal zehn Prozent Restwasser in den Kanal ab. Der seitliche Abgang ist mit einem

$^3/_4$ - bis $1^1/_4$-Zoll-Schlauch möglich. Laubbäume werfen bekanntlich im Herbst ihr Blätterkleid ab, was größtenteils mit in der Dachrinne landet und zu Verstopfungen der Rinnen und

Regendieb®, der sich auf Sommer-/Winterbetrieb umstellen lässt.

Der Laubabscheider verhindert, dass grobe Schmutzteile direkt in die Zisterne eingespült werden.

Fallrohre führen kann. Hierfür gibt es einen **Laubabscheider**, der dies zuverlässig verhindert. Er ist so konstruiert, dass er anfallendes Laub und andere grobe Partikel abscheidet. Er eignet sich nicht nur für Regentonnen, sondern auch als Vorabscheider für Teiche oder Versickerungsanlagen.

Regentonnen sollten unabhängig von ihrer Größe so aufgestellt werden, dass die Wasserentnahme erleichtert wird. Ein **Ablaufhahn** am Boden sollte auch benutzt werden können, was nur geht, wenn die Tonne mindestens auf Gießkannenhöhe aufgebockt ist. Dies ermöglicht ein Unterbau aus Hohlblocksteinen oder ein stabiles Eisengestell.

Meistens ist es jedoch so, dass der Ablaufhahn im unteren Drittel der Tonne angebracht ist und die völlige Entleerung der Tonne gar nicht möglich ist. Auch in diesem Fall gibt es als praktisches Zubehörteil einen kleinen **Eimer** mit einem Boden, der aus einer flexiblen Gummischeibe besteht. Setzt man ihn ins Wasser, drückt sich die Scheibe

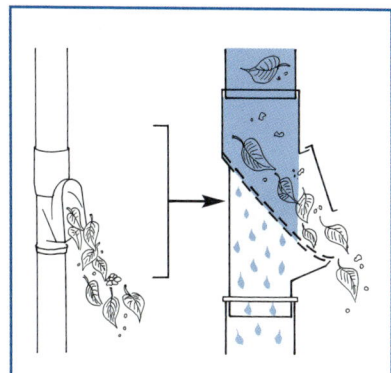

Einfacher Laubabscheider

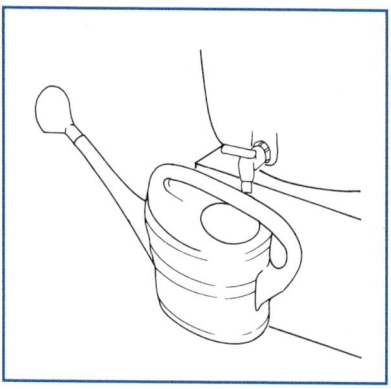

Zapfhahn an einer Regenwassertonne

hoch, hebt man ihn an, wird er durch das Wassergewicht angedrückt und bleibt dicht. Er eignet sich bestens zum völligen Entleeren von Behältern.

Regentonnen lassen sich problemlos **parallel schalten**. Auf dem Markt gibt es hier reichhaltiges Sortiment von Schlauchteilen mit wasserdichten Schraubverbindungen. Mit einem Schneidaufsatz für die Bohrmaschine, den man in jedem Baumarkt kaufen kann, lassen sich die Öffnungen für die Schraubverbindungen auf einfache

Mit diesem Eimer lassen sich auch Restmengen von Regenwasser aus der kleinsten Tonne holen.

KG-Rohre eignen sich besonders für den unterirdischen Einbau, die eingepassten Gummidichtungen gewährleisten eine problemlose Verbindung der Rohre.
Winkel, Verbindungsstücke und Muffen gehören zum KG-Rohrsystem, man erhält sie in allen passenden Größen.

Gummilippendichtungen sind eine ideale Lösung für problemlose Verbindungen. Sie sind für alle gängigen Rohrdurchmesser erhältlich.

Weise in die Wandung der Kunststofftonne schneiden.

Außerdem gibt es **Gummilippendichtungen**, die sich beim Einbau innen und außen an die Wandung anpassen. Der Vorteil dieser flexiblen Gummidichtungen liegt an ihrem wesentlich größeren Durchmesser. Diese Dichtringe eignen sich sowohl für heißwassertaugliche Rohre (HT) als auch für Kanal- und Grundleitungsrohre (KG) und sind in allen gängigen Rohrdurchmessern lieferbar.

Die so hergestellten Verbindungen sind absolut wasserdicht und sehr einfach zu montieren. Um ein gleichmäßiges Befüllen der Regentonnen zu gewährleisten, müssen alle Tonnen, unabhängig, wie viele parallel angeschlossen sind, auf dem gleichen Höhenniveau stehen. Tiefer stehende Auffanggefäße würden automatisch

---

Was ist der Unterschied zwischen einem HT-Rohr und einem KG-Rohr?

„HT" ist die Abkürzung für heißwassertaugliche Rohre, „KG" ist das Kürzel für Kanal- und Grundleitungsrohre. Rein äußerlich erkennt man sie an ihrer Farbe. HT-Rohre sind immer grau, KG-Rohre dagegen orangebraun eingefärbt. Ihr wesentlichster Unterschied liegt jedoch in der Qualität. Das Material der KG-Rohre ist dickwandiger und dadurch bedeutend beständiger gegen Druck und chemische Einflüsse. Es eignet sich durch seine Beschaffenheit zum Verlegen im Erdboden. HT-Rohre sind aus schwächerem Material gefertigt und sollten daher nur für oberirdische Montagen verwendet werden.

---

immer überlaufen. Der größte Nachteil einer einzelnen Regentonne oder einer Anlage mit mehreren Tonnen liegt darin, dass sie im Winter entleert werden müssen. Frosteinwirkung oder Eisbildung würde die freistehenden Gefäße zerstören.

Oberirdische Tankanlagen aus Kunststoff

Für Regenwasser sammelnde Gartenbesitzer, denen die herkömmlichen Tonnen zu klein und die im Boden vergrabenen Zisternen zu groß sind, bietet sich eine gute Möglichkeit, Regenwasser in größeren, oberirdischen Tankanlagen zu sammeln. Man erhält sie aus unterschiedlichsten Materialien mit einem Speichervolumen von über zwei Kubikmetern. Gute Behälter sind aus Polyethylen hoher Dichte (HDPE), Polyethylen (PE) oder Polypropylen (PP) gefertigt. Ferner sind Behälter aus fast unverwüstlichen glasfaserverstärkten Kunststoffen (GFK) auf dem Markt. Weniger empfehlenswert sind dünnwandige Großgefäße aus Polyvenylchlorid (PVC). Bei wechselnden Temperaturen und schwankendem Wasserstand neigen solche Gefäße zu unvorteilhaften Verformungen, die auch später nicht mehr reversibel sind. Viele Hersteller haben dieses Manko bei freistehenden Großgefäßen unterschiedlichster Materialien rechtzeitig erkannt und bieten fast ausschließlich Gefäße mit Bandagierungen an. Diese Bandagierungen bestehen zumeist aus Stahl oder faserverstärkten Bändern. Ein weiteres Qualitätsmerkmal sind Versteifungsrippen auf der Tankober-

oben: Anschluss einer großen Regentonne an die Dachentwässerung.

links: Zwei fachgerecht aufgebaute Regenwassertonnen, die miteinander verbunden sind.

fläche. Diese bereits bei der Fertigung eingelassenen Rippen sind physikalische Hilfsmittel, die dem Gefäß zusätzliche Stabilität verleihen.

Die Aufstellung der Großtanks sollte immer in einer möglichst schattigen Lage des Grundstückes erfolgen. Hiermit beugt man einer übermäßigen Erwärmung des Wassers vor und schützt gleichzeitig den Tank.

Ein Behälter mit einem Volumen von 1000 Litern weist im gefüllten Zustand ein Gewicht von einer Tonne auf. Gewichte dieser Größenordnung sollten nicht einfach auf dem Boden stehen, sie gehören auf eine befestigte Bodenplatte. In der Regel reicht hierzu ein Bodenaushub von etwa 30 cm, der mit Grobkies oder Schotter verfüllt und etwas verdichtet wird. Diese Fläche wird dann noch mit einer 3 bis 5 cm dünnen Schicht Granulat oder Splitt versehen, auf die das Großgefäß dann gestellt wird. Ein großflächiger Plattenbelag oder gar eine betonierte Fläche ist nicht notwendig und würde wieder eine Versiegelung des Bodens bedeuten. Bei ausreichendem Platz ist ein paralleler Anschluss mehrerer Tankanlagen ohne weiteres möglich.

Die Form der oberirdischen Tankanlagen spielt nur eine untergeordnete Rolle; rechteckige Formen haben jedoch einen geringeren Platzbedarf als tonnenförmige. Bei der Tankfarbe gilt das vorne Gesagte: Man sollte einen dunklen Farbton der Gefäße wählen; besonders hochwertige Sammeltanks sind außen tannen- oder dunkelgrün und innenwändig schwarz beschichtet. Die grüne Farbe hat zudem den Vorteil, innerhalb eines Gartengrundstücks weniger aufzufallen als schwarz.

Nachteilig ist auch hier, ähnlich wie bei der Regenwassertonne, der nur sehr eingeschränkt mögliche Winterbetrieb. Da Betreiber oberirdischer Tankanlagen ihr gesammeltes Regenwasser aber ohnehin nur für den Garten nutzen, dürfte das kein Argument gegen oberirdische Tankanlagen darstellen. Viele Hersteller weisen ausdrücklich darauf hin, dass ihre oberirdischen Tankanlagen im Winter entleert werden müssen. Bei glasfaserverstärkten Tanks reicht es aus, diese nur

Aus Gründen der Stabilität ist diese Kunststoffzisterne mit zusätzlichen Versteifungsrippen versehen. Im vorderen Teil ist der Domschacht zu sehen.

● Gründe für und gegen eine oberirdische Regenwassertankanlage

⇒ Vorteile	⇒ Nachteile
• bei hohem Grundwasserstand • bei befestigten Flächen, die nicht aufgebrochen werden können • bei hindernden Rohr- und Kabelanlagen im Boden • bei felsigem oder extrem steinigem Boden	• optisch unbefriedigendes Erscheinungsbild • Platzmangel • eingeschränktes Volumen gegenüber einer unterirdischen Anlage • starke Wassererwärmung birgt eine größere Gefahr der Veralgung • sehr eingeschränkte Winter-Nutzbarkeit

zur Hälfte zu entleeren. Aus Sicherheitsgründen ist es unabhängig vom Material ratsam, vor Einbruch des Winters die Anlage vollständig zu entleeren.

Zubehör für oberirdische Tankanlagen

Bei ausreichenden Auffangflächen und genügend Platz können Tankanlagen ohne weiteres parallel zu einer Batterie-Tankanlage zusammen geschlossen werden. Die notwendigen Verbindungselemente, wie sie schon bei der Regentonne beschrieben wurden, können hierfür verwendet werden. Bei der Montage sollte man aber bedenken, dass die Verbindungselemente am besten in Bodennähe montiert werden. Durch die tief liegenden Verbindungen ist gewährleistet, dass bei der Wasserentnahme mit einer Pumpe der Wasserstand in allen parallel geschalteten Behältern gleich bleibt (siehe Zeichnung).

Trotz Filterung wird sich im Laufe der Zeit auf dem Boden der Großgefäße langsam eine Schmutzschicht ansammeln, die aus Staub, Pollen oder anderen Rückständen besteht. Um eine völlige Entleerung zu ermöglichen, ist der Einbau einer **Tankdurchführung** sinnvoll. Dieses im Fachhandel erhältliche Teil ist aus Kunststoff mit einem Durchmesser von $1^1/_4$ Zoll, besitzt zwei Gummidichtungen und zwei Konterschrauben und lässt sich ganz einfach am tiefsten Punkt des Tanks einsetzen. Vorne wird lediglich eine Verschlusskappe aufgesetzt.

Manche Fabrikate haben hinter ihrer Auslassöffnung gleich eine Vorsatzscheibe eingebaut, durch deren einfache Demontage sich eine größere Öffnung für Reinigungszwecke ergibt.

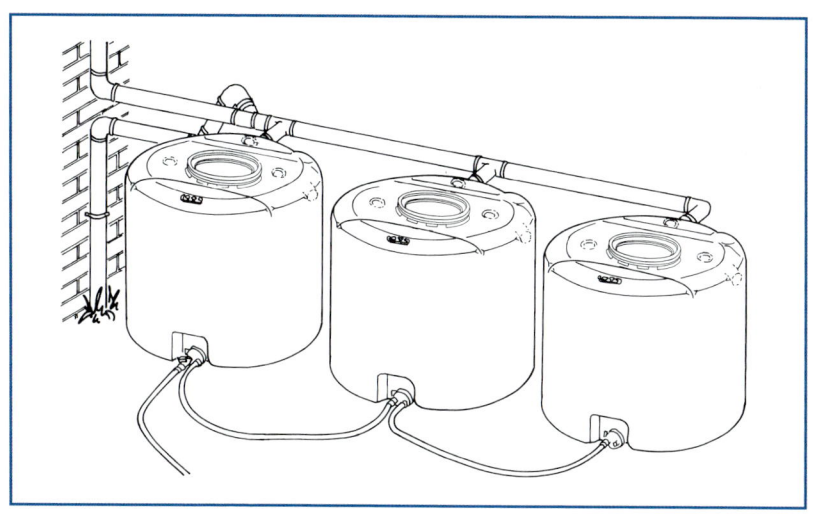

Drei große, parallel geschaltete Regenwassertonnen mit einem an den Kanal angeschlossenen Überlauf.

Jede Tankanlage sollte über einen vernünftig großen Deckel mit einem Durchmesser von 40 bis 50 cm verfügen. Allerdings muss dieser Deckel so arretiert werden können, dass er als kindersicher zu bezeichnen ist. Schraubverschlüsse oder mit großen Spannringen versehene Deckel sind ideal. Der Regenwassereinlauf sollte in jedem Fall so gestaltet werden, wie er bei der Regentonne beschrieben wurde. Regendieb®, Filtersammler mit Überlaufstopp oder ähnliche Modelle sind hier zwingend notwendig.

Um unnötige Aufwirbelungen des gesammelten Regenwassers bei jeder Neuzufuhr zu vermeiden, kann unterhalb der Regenwassereinleitung ein Rohr mit einer beruhigten Wasserzufuhr eingebaut werden. Dies ist ein Rohr, an dessen Ende sich ein kleines Gefäß befindet, das als Prallfläche für die ankommenden Wassermengen dient. Bei größeren und im Fachhandel gekauften Tankanlagen ist dieses Teil meistens schon eingebaut. Eine nachträgliche Installation ist auch noch möglich. Viele größere Tankarten aus Kunststoff sind mit mehreren Ein- und Ablaufstutzen versehen, die beim Neukauf noch verschlossen sind; produktionstechnisch ist dies nur ein geringer Mehraufwand. Für den Verbraucher hat es den Vorteil, sich den günstigsten Anschluss wählen zu können, ohne komplizierte Bögen und Winkel einbauen zu müssen. Die passende Öffnung muss lediglich mit einer Eisensäge aufgesägt werden. Die Stutzen sind geeignet für die Fallrohrgrößen RG50, RG70 und RG100.

Die Wasserentnahme aus oberirdischen Großtanks erfolgt am besten mit einer elektrischen Pumpe. Hier unterscheidet man grundsätzlich zwei Arten:

- **Tauchpumpen**, deren gesamter Pumpenkörper direkt im Wasser steht,

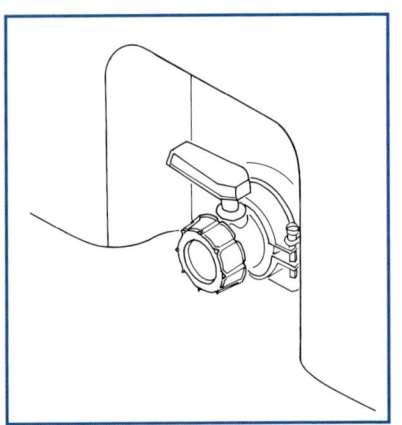

Entleerungshahn an einem oberirdischen Regenwassertank

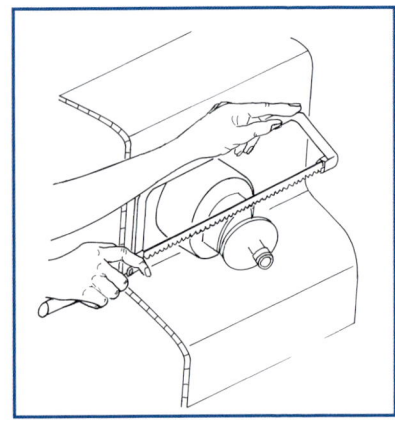

Öffnen eines Rohranschlusses mit einer Eisensäge

- **im Freien stehende Pumpen**, die das Wasser über eine Sauggarnitur anziehen.

Beide Pumpentypen sollten im Winter nicht draußen bleiben. Näheres zu den in ihrer Leistung sehr unterschiedlichen Pumpen auf S. 59 ff.

Wenn am Boden eines Tanks ein Auslaufhahn eingebaut ist, kann man an diesem einen Klarsichtschlauch befestigen und ihn zum Ablassen von Wasser benutzen. Bei manchen Großbehältern kann man mit Hilfe des Schlauches auch gleich den momentanen Wasserstand im Behälter ablesen. Dazu ist in Kopfhöhe eine Schlauchklemme angebracht, wo man das Schlauchende befestigen kann.

Gestaltung eines Sichtschutzes für oberirdische Tankanlagen

Oberirdische Tankanlagen besitzen außer ihrer eingeschränkten Nutzbarkeit in der Wintersaison auch noch den Nachteil eines unansehnlichen Äußeren. Sie wollen nicht so ganz in das Ambiente eines gepflegten Gartens passen. Mit Hilfe von Rankgerüsten, Holzpergolen, Kletter- und Nutzpflanzen, Sträuchern oder geeigneten Koniferen kann jedoch eine optische Trennung zwischen Sammeltechnik und Garten vorgenommen werden.

Lamellenzäune oder Rankgitter aus kesseldruck-imprägniertem Holz gibt es zusammen mit den passenden Pfosten und Befestigungselementen in allen Holzfachmärkten. Diese 100 × 180 cm oder 180 × 180 cm großen Holzwände befestigt man auf Punktfundamenten mit eigens dafür vorgesehenen U-Pfostenlaschen.

Auch eine **Pergola mit Sattelbalken und Reitern**, die man mit Kletterpflanzen berankt, kann hier gute Dienste leisten. Pergolen, Rankgitter und Lamellenzäune gibt es in unterschiedlichsten Formen und Holzarten, was sich sehr stark auf die Qualität und Haltbarkeit und nicht zuletzt auf den Preis auswirkt.

Eine andere Möglichkeit wäre das Aufstellen **von Pfosten mit einer Drahtverspannung**. Hierzu können imprägnierte Baumpfähle im Abstand von 150 cm in den Boden geschlagen werden. Die Pfähle sollten schon 200 cm lang sein und einem Durchmesser von etwa 10 bis 12 cm haben. Die so eingesetzten Pfähle verbindet man mit vier Reihen ummantelten Drahtes im Abstand von 30 cm.

Ein ähnliches, aber dauerhafteres Gestell kann man auch aus **Metallstangen oder Zaunelementen auf kleinen Punktfundamenten** erstellen. An diesen sehr Platz sparenden Gestellen, die gegebenenfalls auch zwei- oder dreireihig aufgebaut werden können, lassen sich ganz hervorragend Nutzpflanzen oder ein- und mehrjährige Kletterpflanzen ziehen.

Einen ebenso professionellen Sichtschutz erreicht man mit dem Bau von **Spalieren**, wie sie Spalierobstbäume zur Stabilisierung benötigen.

Letztlich besteht noch die Möglichkeit, **immergrüne Gehölze oder Koniferen** als Sichtschutz vor die Tankanlagen zu pflanzen.

Pflanzen haben zudem den Vorteil, dass sie Schatten spenden und somit einer übermäßigen Erwärmung des gespeicherten Wassers entgegenwirken.

Deutlich erkennt man auf diesem Bild die Struktur der Glasfasermatten. Der Normanschluss ist auf der Wandung verschraubt.

Links: Die glasfaserverstärkten Regenwasserzisternen bestehen in der Regel aus mehreren Teilen und müssen vor dem Einbau montiert werden.

🔵 Gegenüberstellung verschiedener Materialien von Regenwasserzisternen		Vorteil	Nachteil
Kunststoff-zisterne	**Polyethylen (PE) Polypropylen (PP)**	preiswerte Alternative zu Betonzisternen	bei unterirdischem Einbau nicht befahrbar
	Glasfaserver-stärkter Kunststoff (GFK)	Modultechnik, dadurch größenvariabel, sehr haltbar	Einbau schwierig, Dichtungen müssen sorgfältig verarbeitet sein
Beton-zisterne	**Schachtringe**	preiswerteste Form der Betonzisternen	Einbau kompliziert, selten absolut dicht
	Betonguss mit Abdeckung	befahrbar, gute Wartungsmöglichkeit	Einbau nur mit Kran möglich
	Monolithische Betonzisterne	befahrbar, absolut dicht, kein Wasserverlust	teuerste Form einer Regenwasserzisterne, Einbau nur mit einem Kran möglich

Unabhängig davon, zu was man sich auch entscheidet, sollte hinter dem Sichtschutz noch so viel Freiraum verbleiben, dass man bequem an der Tankanlage arbeiten kann.

Kunststoffzisternen für den Erdeinbau

Jeder „Häuslebauer" sollte gleichzeitig mit seinem Hausneubau eine Regenwassernutzungsanlage planen. Ein Erdspeicher wäre in diesem Fall die richtige Entscheidung, denn der dafür notwendige Aushub kann in einem Arbeitsgang mit erledigt werden. Gerade das ist sicherlich eine Überlegung wert, denn wer reißt schon gerne seinen neu angelegten Vorgarten oder Hof wieder auf, um dann eine Zisternenanlage in einem riesigen Loch zu versenken? Abgesehen von dem Arbeitsaufwand verursacht der nachträgliche Einbau erhebliche Kosten für den Erdaushub, der in aller Regel mit einem Bagger ausgeführt wird.

Kunststoff-Erdtanks sind in unterschiedlichen Materialien erhältlich. Die gängigsten sind aus Polyethylen (PE) oder Polypropylen (PP). Derartige Tankanlagen werden im Rotations-Sinterverfahren in einem Stück hergestellt und benötigen deshalb keine Dichtungen. Je nach Materialstärke sind sie äußerst widerstandsfähig gegen äußere Einflüsse, wie beispielsweise gegen starken Wurzeldruck von Bäumen. In den wenigsten Fällen sind Kunststoff-Erdtanks befahrbar. Diesem Umstand sollte man Sorge tragen und die Anlage nicht gerade unter einer Einfahrt oder im Hof planen.

Ferner sind **glasfaserverstärkte Kunststoff-Erdtanks** (GFK) auf dem Markt. Sie haben den Vorteil, in Schalenform geliefert zu werden, die man dann mit Hilfe von Dichtungsbändern und Verschraubungen an Ort und Stelle montiert; zudem besitzen sie eine außergewöhnlich gute Haltbarkeit und Druckfestigkeit.

Ein weiterer Vorteil der Kunststoff-Erdtanks liegt darin, dass je nach Hersteller die Tankanlagen bauseits bereits mit einem umfangreichen Zubehör ausgestattet sind. Durch bereits installierte und genormte Anschlüsse können diese Kunststofftanks problemlos auch nachträglich erweitert werden. Hierzu sollten jedoch die Vorschriften und Vorschläge der einzelnen Hersteller beachtet werden. Allerdings erlaubt dieser Kunststoff kein Recycling, wie es bei den vorgenannten Kunststoffen möglich ist. Kunststoff-Erdtanks sind in der Regel etwas teurer als Betonzisternen. Der Preisunterschied hebt sich in der Regel wieder durch geringere Transportkosten und vereinfachte Einbauarbeiten auf, da GFK-Tanks im Gegensatz zu Betonzisternen nicht mit einem Kran abgeladen und eingebaut werden müssen.

Einbauanleitung für Kunststoff-Erdtanks

Die Aushubtiefe der Grube für den Einbau von **Kunststofftanks aus Polypropylen oder Polyethylen** ist abhängig von der Größe des Tanks und der örtlichen Frosttiefe, die zwischen 50 und 100 cm schwanken kann. Bei einem Vier- bis Fünftausend-Litertank kann der Erdaushub rund 15 Kubikmeter betragen. Der benötigte Platz für einen Filtersammler oder Wirbelfilter sowie dessen Distanz zur Tankanlage ist mit zu berücksichtigen. Um den Tank sollte ein Freiraum von etwa 20 cm gelassen werden. Werden gleichzeitig mehrere Tanks miteinander verbunden, so ist mit einem Abstand von 30 cm von Wandung zu Wandung zu rechnen. Die Grundfläche soll absolut plan sein und wird mit einer Rüttelplatte oder einem Stampfer verdichtet. Auf die derart vorbereitete Grundfläche wird kurz vor dem eigentlichen Einbau eine 20 cm starke Sandschicht eingebracht und säuberlich planiert. Handelsübliche Kunststofftanks mit einer Größe von bis zu fünf Kubikmetern lassen sich im Allgemeinen noch mit vier kräftigen Männer bewegen. Häufig sind seitlich Griffmulden oder Ösen zum Befestigen von Gurten angebracht, die einen Kurztransport gut ermöglichen. Eine andere Möglichkeit, das Gefäß in die Grube zu bekommen, besteht in dem schrägen Einsetzen einer langen Aluminiumleiter in die Grube, so dass der Tank dann auf die vorbereitete Fläche gleitet.

Sobald der Tank in der Grube steht, sollte man seinen genauen Sitz noch einmal mit einer Wasserwaage überprüfen. Nachträgliche Korrekturen auf der Sandfläche durch einen etwas zu „stürmischen" Einbau sind dann immer noch möglich. Alle tankinternen Anschlüsse für den Zu- und Ablauf sowie Verbindungsleitungen sollten nun installiert und sorgsam befestigt werden.

Als nächster Schritt wird Wasser in den Tank eingelassen. Erst jetzt kann mit dem Verfüllen der Grube begonnen werden. Ohne Wasserfüllung würde der Tank verrutschen und aus dem Lot geraten. Außerdem liefe man Gefahr, die Tankwandung durch die Füllmassen zu verformen. Als Füllmaterial eignet sich der eigentliche Aushub, sofern er frei von spitzen Steinen ist. An der Wandung ist eine Sand- oder feine Splittverfüllung mit einer Korngröße von bis zu 5 mm ideal. Durch einen sehr sorgsamen und schichtweisen Einbau, der zwischendurch immer wieder verdichtet werden muss, erreicht man eine regelrechte Einbettung des Tanks im Erdreich. Parallel mit der Höhe des Verfüllens muss allerdings auch das Wasserniveau im Tank steigen.

Bevor der Tank endgültig eingegraben ist, sollten eventuell vorgesehene Technikanschlüsse mit einem Leerrohr verlegt sein. Unweigerlich fällt hierbei Erdreich und anderes Verfüllmaterial in den Tank. Man kann das vermeiden, indem man vorher alle vorhandenen

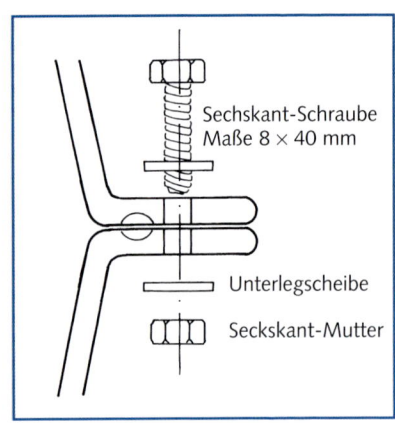

Sechskant-Schraube
Maße 8 × 40 mm

Unterlegscheibe

Seckskant-Mutter

Verschrauben einer GFK-Zisterne

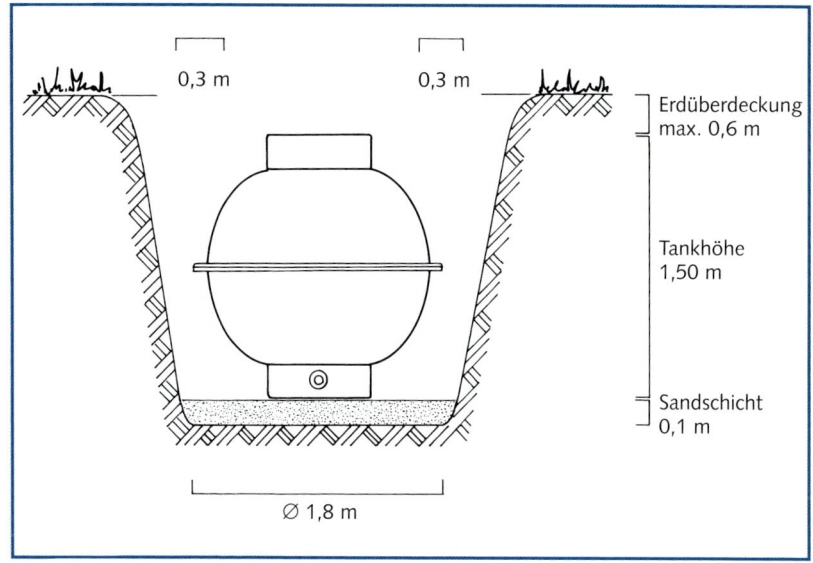

0,3 m   0,3 m

Erdüberdeckung
max. 0,6 m

Tankhöhe
1,50 m

Sandschicht
0,1 m

Ø 1,8 m

Erdeinbau einer glasfaserverstärkten Kunststoffzisterne

Öffnungen sorgsam verschließt. Bestens geeignet dafür sind einfache Plastiktüten, die man mit einer Schnur darüber festbindet. Kellertanks und Tonnen für den Außenbereich eignen sich nicht zum Eingraben; sie sind in der Regel wesentlich dünnwandiger und würden dem Erddruck nicht standhalten.

Der Einbau **glasfaserverstärkter Kunststofftonnen** oder -zisternen gestaltet sich etwas anders als der von fertigen Anlagen. Glasfaserverstärkter Kunststoff ist ein Langzeitprodukt, das keinen Alterungsprozessen unterliegt. Es handelt sich hierbei um einen duroplastischen Kunststoff, der sich unter extremen Temperaturbedingungen nicht mehr verformt. Durch die spezielle Konstruktion besitzen die Tank-systeme eine sehr hohe Eigenstabilität. Im Gegensatz zu vielen Kunststoffzisternen können sie als Erdtank mit Fahrzeugen bis zu einer Achsenlast von zwei Tonnen überfahren werden. Ein Einbau unter Garagen oder deren Zufahrten ist daher jederzeit möglich.

Sie werden, wie bereits erwähnt, vorzugsweise in Halbschalenform geliefert und müssen noch montiert werden. Durch das verschraubbare System lassen sich Tankanlagen in jeder beliebigen Größe herstellen. Der kleinste Tank beinhaltet 3200 Liter und ist um jeweils 2000 Liter bis nahezu unendlich erweiterbar.

Wenn man sich für den Kauf eines solchen Behälters entschlossen hat, dann sollte man die Teile unmittelbar nach Anlieferung genau kontrollieren.

Etwaige Risse an Kanten, Ecken oder gar Absplitterungen auf den sonst glatten, schwarzen Flächen sind sofort zu reklamieren. Die Oberflächen von glasfaserverstärkten Kunststoffen haben den Vorteil, dass sie mit etwas handwerklichem Geschick wieder repariert werden können. Die Hersteller oder auch Lieferanten für Bootsbau bieten hierzu Reparatursets an. Keineswegs sollte man auch noch so kleine Fehler ignorieren und die Zisterne trotzdem eingraben, weil dies unweigerlich zu Undichtigkeiten führen würde.

Das Loch für Zisternen dieser Art muss so groß bemessen sein, dass man später auch darin arbeiten kann. Der Erdaushub für eine GFK-Zisterne errechnet sich aus der Höhe der Zisterne und ihres Domschachtes. Hinzu kommt die Sandschicht, auf der die Zisterne stehen soll.

Bevor man die einzelnen Teile (Schalen) zusammensetzt, müssen die Verbindungsflächen mit Nitroverdünnung von Schmutz, Fett oder Feuchtigkeit gereinigt werden. Nur hierdurch ist eine dauerhafte Verbindung und somit Dichtigkeit der Zisternen über Jahrzehnte gewährleistet.

Als nächstes wird dann die Dichtmasse, die zum Lieferumfang gehört, in die dafür umlaufende Vertiefung aufgetragen. Die zu verbindenden Teile sollten dann möglichst rasch passgenau aufeinander gelegt werden. Als Justierhilfe kann man ein paar der beigelegten Sechskantschrauben verwenden. Die endgültige Verschraubung mit allen beigefügten Schrauben und zweifachen Unterlegscheiben sollte innerhalb einer Stunde abgeschlossen

sein, da sich ansonsten die Dichtmasse verhärtet. Bei der Montage des Domschachts mit Deckel einschließlich einer Kindersicherung wird ebenso verfahren.

Vor dem Verfüllen des Lochs sollten ebenso wie bei den Kunststoffzisternen alle Verbindungen und Rohr- und Versorgungsleitungen installiert sein. Das eigentliche Verfüllen des Lochs erfolgt wie bereits beschrieben. Zum Verdichten der Verfüllmassen darf lediglich ein Handstampfer verwendet werden. Wer ganz sicher gehen möchte, der kann seine Zisterne auch vorsichtig einschlämmen. Dies ist ein Vorgang, bei dem man mit feiner Erde oder Sand unter Zuhilfenahme von Wasser langsam das Loch verfüllt, ohne dabei die Füllmasse in Schlamm zu verwandeln. Die so eingesetzte Zisterne liegt später in ihrem Loch wie einzementiert. Auch hierbei ist unbedingt die angesprochene Wasserfüllung zu beachten.

Betonzisternen

Alternativ zu den erdverlegten Kunststoffzisternen kann man sich auch für den Einbau einer Betonzisterne entscheiden. Ihr wesentlicher Vorteil liegt darin, dass sie voll belastbar ist und unterhalb von befahrenen Geländen wie Höfen, Garagen oder Einfahrten verlegt werden kann. Ein weiterer Vorteil von Zisternenanlagen aus Schachtringen besteht im Preis. Mehrarbeit beim Bau und erhöhte Wartungskosten können den Preisvorteil dieser Bauweise aber auch wieder zunichte machen.

Betonschachtringe, wie sie zum Bau von einfachen, aber nicht ganz problemlosen Regenwasserzisternen verwendet werden können.

Man unterscheidet grundsätzlich drei Typen von Betonzisternen:

- die aus einzelnen, beliebig erweiterbaren Schachtringen zusammengesetzte Zisterne;
- der aus einem Stück gegossener Betonbehälter mit einer separaten Abdeckung, in der alle notwendigen Anschlüsse eingepasst sind;
- die monolithische, glattwandige Betonzisterne, die als komplette Einheit mit allen Anschlüssen angeliefert wird.

Der Baustoff Beton hat die Eigenschaft, mit dem sauren Regenwasser zu reagieren. Bei sehr grobporigen Betonzisternen kann dies zu negativen Veränderungen des gesammelten Wassers führen. An rauen Behälterwänden setzen sich sehr rasch Algen, Keime und andere Schmutzteile ab, die normalerweise zu Boden sinken und zusammen mit anderen Schwebstoffen in einer Sedimentsschicht am Boden der Zisterne abgebaut würden. Die rauen Wände binden die organischen Substanzen und behindern daher diesen wichtigen biologischen Abbauprozess. Von diesen gebundenen organischen Substanzen ernähren sich wiederum Mikroorganismen, die unter ungünstigen Bedingungen ein Umkippen des Wassers verursachen.

Zisternen aus einzelnen Schachtringen weisen leider sehr häufig eine stark strukturierte Oberfläche auf, außerdem sind Schachtringe nur schwer miteinander zu verbinden und abzudichten. Wenn starker Frost auf die Verbindungen einwirkt, können Risse an Fugen entstehen, die schnell zu Undichtigkeiten führen. Der Einbau einzelner Schachtringe ist letztlich sehr viel arbeitsintensiver als das Einsetzen einer monolithischen Zisterne.

Sofern man sich für eine Zisterne aus einzelnen Schachtringen entscheidet, sollte eine vorgefertigte Bodenplatte des gleichen Lieferanten mit bestellt werden. Wegen unterschiedlichen Dehnungsverhaltens kann es bei selbst gefertigten Bodenplatten zu Rissbildungen im Beton kommen. Die Zwischenräume zwischen den einzelnen Ringen verschmiert man am besten mit Fertigmörtel, der mit einem Dichtungsmittelzusatz versehen ist und wasserdicht wird. Um die Dichtigkeit noch zu erhöhen, können die Fugen zusätzlich mit Hammer und Meißel leicht ausgestemmt werden. Diese vergrößerte Fuge wird dann ebenfalls mit dem Dichtungsmörtel verputzt. Der LKW, der die Bodenplatte und Schachtringe liefert, hat an seinem Kran spezielle Greifgeräte, mit deren Hilfe ein exaktes Einsetzen der Teile in die Grube möglich ist. Beim Einbau muss man die Ausrichtung der Anschlüsse beachten; sind die Schachtringe erst einmal gesetzt, ist eine spätere Veränderung nur noch schwer möglich. Die Grube mit den eingebauten Schachtringen darf erst verfüllt werden, wenn der eingebrachte Mörtel zwischen den Ringen vollkommen abgebunden hat.

Wesentlich einfacher ist es, eine mit seperatem Kopfteil hergestellte oder eine komplett aus einem Teil gefertigte Betonzisterne zu bestellen und liefern zu lassen. Voraussetzungen dafür sind eine bauseits ausgehobene Grube passender Größe, deren Boden sauber eingeebnet und mit einer etwa 20 cm starken Sandschicht versehen ist. Beratung vor Ort und telefonische Hilfestellung sind heute durchaus an der Tagesordnung, wenn man sich für den Kauf so einer Anlage entscheidet.

Wichtig für eine problemlose Entladung ist ein gut befahrbares Gelände. In der Regel übernimmt der Lieferant das Abladen und Einsetzen der Zisterne in die vorgefertigte Grube. Bei unzugänglichem Gelände kann ein fahrbarer Auslegerkran diese Arbeit übernehmen, was aber mit weiteren Kosten verbunden ist. Die Transportkosten für Zisternen sind in der Regel nach Entfernungszonen gestaffelt. Für das Entladen und Setzen entstehen in der Regel weitere Kosten, die im 15-Minuten-Takt abgerechnet werden.

Berechnungsgrundlagen zur Ermittlung einer geeigneten Anlagengröße folgen auf S. 104 ff.

Chronologische Arbeitsschritte für den Einbau einer Betonzisterne

• Grube für die Zisterne entsprechend ihrer Höhe ausheben. Der begehbare Schachtdeckel sollte mit dem Höhenniveau der Außenanlage abschließen. Etwaige Frostsicherheitstiefen entfallen bei Betonzisternen. Die Grube soll mindestens 50 bis 100 cm breiter als der Durchmesser der Zisterne sein. Nur so ist ein problemloses Einschwenken des Hebekrans und Herablassen der tonnenschweren Zisterne möglich. Genaue Angaben über die Aushubtiefe erhält man beim Hersteller.
• Seitenwände der Grube sichern, von bröckelnden Erd- oder Gesteinsmassen befreien.
• Grubensohle grob planieren und gegebenenfalls verdichten. Sollte die Tragfähigkeit unter 150 kN/m² liegen, ist eine Fundamentplatte nach Anga-

Der Aushub für eine große monolithische Betonzisterne ist nicht unerheblich. Das Loch sollte ausreichend Spielraum für die Installationsarbeiten lassen.

Betonzisternen sind unabhängig von ihrer Größe so schwer, dass sie nur mit einem Kran eingebaut werden können.

Bevor das Kopfteil der Zisterne aufgesetzt werden kann, muss der Fugenrand mit einer Mörtelschicht versehen werden.

Nun wird das Kopfteil mit Hilfe eines Krans exakt auf das Zisternenunterteil gesetzt.

Die monolithische Zisterne sitzt passgenau in der Erde; über den Schachtdeckel ist sie später befahrbar.

Eine fertig verrohrte Betonzisterne. Links oben der Wirbelfeinfilter mit Anschluss an den Kanal, darunter die Regenwasserzufuhr über den Filter.

ben eines Statikers zu errichten. Geologische Labore können Auskunft über örtliche Gegebenheiten erteilen. Bei normalen Bodenverhältnissen wird nur ein Feinplanum mit einer 15 bis 20 cm dicken Sand- oder Feinsplittschicht eingebracht. Es muss 25 bis 30 cm breiter als der Sockeldurchmesser der Zisterne sein. Diese Schicht genau mit Richtlatte und Wasserwaage abziehen.

• Terminabsprache mit dem Lieferanten über genaue Lieferzeit treffen. Unnötige Wartezeiten kosten viel Geld.

• Ausreichend Parkplatz für einen LKW mit Kran zur vorgegebenen Zeit bereitstellen.

• Trifft der LKW ein, kann sofort entladen werden. Bei Schachtringzisternen wird während der Entladung eine Person benötigt, die die Fugen der Ringe innen und außen sofort verschmiert. Ein weiterer Helfer ist erforderlich, um den Kran genau einzuweisen. Hauptsächlich muss er darauf achten, dass der in die Fugen eingebrachte Mörtel nicht verschoben wird. Bei monolithischen Betonzisternen entfällt dieser Aufwand, die Zisterne wird lediglich abgesenkt.

• Bei parallel geschalteten Zisternen sind nach dem Versenken in der Grube als nächster Schritt die Verbindungen herzustellen.

• Die Grube kann jetzt bis zum Zisternenkopf oder Konus knapp unterhalb der Anschlüsse verfüllt werden. Hierbei das Verfüllmaterial in gleichmäßigen Schichten von etwa 30 cm einbringen und lagenweise verdichten. Regenwasser-Filteranlage einbauen.

• Zulaufrohr vom Filter und Überlauf in die Dränage (oder in die Zweitzisterne/ ein anderes System) sowie Leer-

rohr für Versorgungsleitungen anschließen. Bei monolithischen Zisternen brauchen die Rohrleitungen nur aufgesteckt werden. Bei Schachtringzisternen werden die Rohre einzementiert. Die Versorgungsleitungen sollten immer in frostsicherer Tiefe mit einem leichten Gefälle hin zur Zisterne liegen.

Sonderformen aus Beton

Neu auf dem Markt sind Beton-Regenwasserzisternen, deren Platzierung im ersten Augenblick noch etwas Verwirrung stiften könnte. Es handelt sich hierbei um rechteckige Speicherbehälter, die unmittelbar unter der Bodenplatte einer Fertiggarage liegen. Die Planung einer solchen Anlage, die mit Regenwasser vom Haus- und Garagendach gespeist wird, geht natürlich nur mit dem Neukauf einer Fertiggarage einher. Je nach geeigneter Auffangfläche ist hierbei ein Speichervolumen von 8 000 bis 40 000 Litern Regenwasser möglich, das für alle angesprochenen Bereiche genutzt werden kann.

Die Anschaffung einer Zisterne dieser Art macht jedoch nur Sinn, wenn ausreichend Dachflächen zum Sammeln von Regenwasser zur Verfügung stehen, denn es handelt sich hierbei um ein außergewöhnlich großes Speichervolumen. Die Dachfläche eines normalen Einfamilienhauses wird in der Regel nicht ausreichen. Es werden zwei unterschiedliche Varianten angeboten, eine für die einfache Gartenbewässerung und eine zweite für eine komplette Hauswasseranlage. Beide Anlagen sind über einen im Garagenboden eingelassenen Gitterrost frei begehbar.

Der Regenwassertank im Keller

Es gibt immer Gelände oder Flächen, bei denen das Eingraben einer Zisternenanlage im Boden nicht möglich ist. Insbesondere bei einer späteren Planung oder einer Altbausanierung eignet sich der Einbau einer Regenwasser-Speicheranlage im Keller. Bei ausreichenden Räumlichkeiten bieten derartige Anlagen durchaus Vorteile, da sie jederzeit ohne Aufwand zu kontrollieren sind. Das Wasser behält eine sehr gleichbleibende Temperatur, Anschlüsse und technische Einrichtungen sind mit kürzeren Wegen verbunden. Ein uneingeschränkter Betrieb im Winter ist sicherlich auch noch von Bedeutung. Letztlich sind die Kosten für die Behälter geringer, weil sie kleiner und dünnwandiger sind.

Nachteilig ist das eingeschränkte Speichervolumen. Aus diesem Grund wird das im Keller gespeicherte Wasser wohl auch in erster Linie für die WC-Spülung und die Waschmaschine

 Gegenüberstellung von Tankanlagen im Boden und freistehenden Anlagen im Keller

⇒ Vorteile	⇒ Nachteile
Im Boden liegende Anlagen • je nach Modell jederzeit erweiterbar • sehr großes Speichervolumen • einheitliche Wasserqualität durch permanente Dunkelheit und gleichbleibende Temperatur • Einsatz von Tauchpumpen möglich, dadurch keinerlei Motorgeräusche im Haus • Wartungsarbeiten sind über einen Domschacht möglich	• Einbau und Installation sind komplizierter, materialaufwändiger und ggfs. auch teurer • Einbau nur bei ausreichendem Platz möglich
Freistehende Anlagen im Keller • relativ einfache Montage • Einbau einer Komplettanlage möglich • Wartungsarbeiten sind sehr einfach, da die Anlage frei zugänglich ist.	• eingeschränktes Speichervolumen • in den seltensten Fällen ist eine Erweiterung möglich • schwankende Lichtverhältnisse fördern Algenwuchs • unterschiedliche Raumtemperaturen fördern die Keimbelastung des Regenwassers • Pumpengeräusche können lästig werden.

verwendet. Wasserreserven für den Garten und sonstige Nutzung werden in den seltensten Fällen dafür übrig bleiben.

Auf den Erwerb nicht eingefärbter Behälter sollte man, auch wenn sie noch so preisgünstig sind, besser verzichten, denn auch im Keller würde das gesammelte Wasser zu schnell veralgen. Das Fassungsvermögen von Kellertanks kann sehr unterschiedlich sein. In ihrer Form und Größe müssen sie so gestaltet sein, dass man sie durch eine Tür in den Kellerraum transportieren kann. In der Regel sind sie eher lang und hoch und passen durch eine genormte Kellertür. Sie sind meistens aus Polyethylen (PE), Polyethylen hoher Dichte (HDPE) oder seltener aus glasfaserverstärkten Kunststoffen (GFK) gefertigt.

Eine interessante Variante ergibt sich durch zerlegbare Kellerzisternen-Systeme, die bequem durch jede Kellertür passen und an Ort und Stelle montiert werden. Solche Tonnen bestehen aus einem Boden und einem Aufsatzbehälter. Sie werden nur zusammengesteckt und nach der Montage mit einem Stahlband dauerhaft verschraubt. Die bereits vorhandenen Anschlüsse können zum Verbinden mehrerer Gefäße verwendet werden. Benötigt man nur einige davon, wird der Rest mit Blindverschlüssen abgedichtet.

Die Wandungen von Kellertanks sind in aller Regel dünner als bei Erdtanks. Aus diesem Grund sind sie häufig mit Bandagen versehen, die eine Verformung weitgehend ausschließen. Bei Tanks ab 1000 Litern Inhalt ist diese Versteifung besonders wichtig, da

Eine sehr große Regentonne mit einem vorbildlich eingeprägten Hinweisschild. Der bereits eingearbeitete Stutzen ermöglicht eine problemlose Wasserentnahme.

hier durch Wasserentnahme bzw. -zufuhr in jedem Fall leichte Verformungen auftreten. Bei einer Batterietankanlage ohne Bandage kann es durch plötzliche Verformungen oder Ausbeulung so weit kommen, dass die sich am Boden befindenden Verbindungsteile abreißen und die Tanks im Keller leerlaufen.

Bei namhaften Herstellern ist in der Regel der Hinweis „Kein Trinkwasser" in die Behälter eingedruckt. Genauso selbstverständlich sind eine verschließbare Reinigungsöffnung, Entlüftungsstutzen und genormte Anschlüsse.

Sonderformen aus Kunststoff

Eine Besonderheit unter den Regen-
wassertanks dürfte eine innovative
Konstruktion darstellen, die kürzlich
auf den Markt gekommen ist. Es handelt sich um einen **Wandtank** aus
dunkelgrün eingefärbtem Polyethylen
(PE). Durch sehr einfache Steckverbin-
dungen ist er beliebig erweiterbar. Er
kann sowohl liegend als auch stehend
eingesetzt werden. Liegend könnte er
zum Beispiel auf dem Dach einer Ga-
rage Verwendung finden. Mit dem
darin gesammelten Wasser lassen sich
dann aber nur grobe Reinigungsarbeiten und die Gartenbewässerung
durchführen, denn die stark schwankenden Temperaturen wirken sich negativ auf die Wasserqualität aus.

Durch seine Maße kann man ihn sogar in kleinen Kellerräumen unterbrin-
gen: Der Tank ist 165 cm hoch,
140 cm lang und nur 42 cm breit und
passt somit durch jede Kellertür.
Gleichzeitig ist er mit allen notwendigen Anschlüssen einschließlich eines
großen Schraubdeckels versehen. Seine
Form verleiht ihm physikalische Eigenschaften, die ein Verformen ausschließen und hohe Standfestigkeit garantie-
ren. Bei einem bedeutend geringeren
Platzbedarf als bei herkömmlichen
Behältern hat der einzelne Wandtank
ein Volumen von 850 Litern.

Zur weiteren Ausstattung gehören
ein Wandmontageset, ein $^3/_4$-Zoll-
Auslaufhahn sowie vier Anschlussstut-
zen, die nach Bedarf zu öffnen sind.
Für Reinigungszwecke ist an der tiefsten Stelle ein Innengewinde mit einem
$^3/_4$-Zoll-Anschluss eingelassen.

Zu den Besonderheiten gehört auch
die **Regensäule**, die mit ihrer garten-
grünen Farbe, einem Durchmesser
von nur 80 cm und einer Höhe von
230 cm einen Inhalt von 1000 Litern
fasst. Sie integriert sich recht gut im
Garten.

Eine sehr Platz sparende Möglichkeit ergibt sich mit einem so genannten **Regendachtank**. Dies ist ein nur
28 cm hoher Tank; mit einer Länge
von 240 cm und einer Breite von
150 cm beinhaltet er 750 Liter. Er
kann mühelos zu einer Batterieanlage
zusammengeschlossen werden und
zum Beispiel auf einem Garagendach
montiert werden. Nachteilig ist die
starke Wassererwärmung im Sommer
und die damit einhergehende eingeschränkte Nutzungsmöglichkeit des
Regenwassers. Diese Tankart kann
allerdings, sofern es die Statik zulässt,
auch auf dem Dachboden eines Ge-
bäudes platziert werden. Der Höhenunterschied zwischen Tank und Auslauf im Garten ist dann so groß, dass
keine Pumpe für einfache Bewässerungsarten benötigt wird.

Zubehörtechnik für die Regenwassersammlung

Ohne Zubehör ist das Sammeln von Regenwasser überhaupt nicht möglich. Wer der Meinung ist, das eine oder andere Teil einsparen zu können, der wird sehr schnell eines Besseren belehrt, wenn die Qualität des gesammelten Regenwassers nicht den Vorstellungen entspricht. Die Anschaffung von Zubehörteilen ist abhängig von der Methode, wie Regenwasser gesammelt wird. Für eine Regentonne wird natürlich weniger Zubehör benötigt als für eine komplette Hauswasseranlage. Man unterteilt sie grob in Teile für den Zulauf, für die Entnahme und Überlauf.

Filtertechnik

Das wichtigste Zubehörteil ist ein Filter für das gesammelte Regenwasser, bevor dieses in den Sammelbehälter gelangt. Auf dem Markt befinden sich viele Modelle mit unterschiedlichstem Wirkungsgrad. Die Entscheidung, welches Modell oder welche Art der Filterung nun individuell „richtig" ist, ist nicht einfach und erfordert eingehende Beratung.

Zu Zeiten, als man mit dem Sammeln von Regenwasser begann, waren **Kiesfilter** und **Filtertöpfe** aktuell. **Kiesfilter** sind einfache, ringförmige Behälter, die mit Grobkies gefüllt sind. Das Regenwasser aus dem Fallrohr wird durch den Kies in den Sammelbehälter gespült, wobei grobe Teile hängen bleiben. Vogelkot, Laub, Moos und andere organische Materialien sammeln sich an, wodurch allmählich eine dicke Schicht entsteht. Hierdurch ist innerhalb kürzester Zeit mit einer Wasserverschlechterung zu rechnen. Das Reinigen dieser Filteranlage ist sehr aufwändig und der Wasserverlust ist groß.

Der Wirkungsgrad eines **Filtertopfes** ist schon besser, wenngleich seine Funktionsweise der des Kiesfilters ähnlich ist. In dieser Art von Filter wird das ankommende Regenwasser über Sieb- und Schaumstoffeinlagen gespült, die zu Reinigungszwecken leicht aus dem Filterkörper entnommen werden können. Damit der Filter auch im Winter funktioniert, muss er in einer Tiefe von 60 bis 100 cm eingebaut werden. Obwohl dieser Filter gegenüber dem Kiesfilter wesentliche Vorteile in puncto Reinigung und Wartung besitzt, bildet sich trotz regelmäßigen Reinigungsintervallen aber auch hier rasch ein Biofilm, der die Wasserqualität deutlich herabsetzt.

Filtersammler oder Fallrohrfilter sind die neue Generation der Regenwasserfilterung. Sie werden direkt an das Fallrohr und die Kanalisation angeschlossen. Mit einer Wasserausbeute von etwa 90 Prozent arbeiten sie sehr effektiv. Sie eignen sich für Erd- und Kellertanks. Ihre Funktionsweise ist denkbar einfach. Regenwasser im

● Zubehörtechnik für die Regenwassersammlung

Zubehör	Regen-wasser-tonne	oberirdische Tankanlagen Kunststoff	unterirdische Tankanlagen Kunststoff	Beton-Zister-nen	Keller-tanks
Laubfänger	•	–	–	–	–
Laubabscheider	•	–	–	–	–
Regendieb®	•	•	–	–	–
Fallrohrfilter	•	•	•	•	•
Rohrfilter	–	–	–	–	•
Verschiedene Filter, Oberbegriff „Erdfilter"					
Erdfeinfilter	–	–	•	•	•
Wirbelfeinfilter	–	–	•	•	•
Überströmfilter	–	–	•	•	•
Schrägüberströmfilter	–	–	•	•	•
Filterplatte (eingeschränkte Wasserverwendbarkeit)	–	–	–	•	–
Domschacht	–	–	•	•	•
Einlaufberuhigung	–	•	•	•	•
Überlaufsiphon	–	•	•	•	•
Kleintierschutz	–	•	•	•	•
schwimmende Entnahme	–	–	•	•	•
Füllstandsmelder	–	–	•	•	•
Nachspeise-Set	–	–	•	•	•
Automatik-Nachspeisung	–	–	•	•	•
Trockenlaufschutz	–	–	•	•	•

● Zubehörtechnik für die Regenwassersammlung (Fortsetzung)

Zubehör	Regen-wasser-tonne	oberirdische Tankanlagen Kunststoff	unterirdische Tankanlagen Kunststoff	Beton-Zister-nen	Keller-tanks
Mauerdurchführung	–	–	•	•	•
Wasserverteiler	–	–	•	•	•
Pumpenkonsole	–	–	•	•	•
Pumpe	–	•	•	•	•
Hauswasserwerk	–	–	•	•	•
Hinweisschilder	•	•	•	•	•
Auslaufhahn	•	•	–	–	–
Überlaufbogen	•	•	–	–	–
Tankdurchführung		•	•	•	•
Regentonnen-verbindung	•	–	–	–	–
Verbindungsarmatur	–	•	•	–	•

Hier werden lediglich alle wichtigen Zubehörteile aufgeführt. Für eine Regenwasser-nutzungsanlage kommen nicht alle zusammen in Betracht. Der Bauherr kann sich in Absprache mit einem Fachbetrieb für die zweckmäßigste Lösung entscheiden.

senkrechten Fall wird durch die Adhäsionskraft (Haftungskraft) immer an der Innenwandung des Rohres ablaufen. Durch einen zylindrischen Filterkörper mit einer Maschenweite von etwa 0,16 mm und einem darüber liegenden, gröberen Sieb wird das Wasser gereinigt und von innen nach außen geleitet. Ein Ringeinsatz bremst das gereinigte Wasser und leitet es über eine Abflussstutzen an den Sammelbehälter. Ein kleiner Teil des Regenwassers läuft dabei in der Innenseite des Feinfilters vorbei und reißt alle groben Partikel mit sich.

Derartige Filtersammler sind für Dachgrößen von 100 bis 150 m² ausgelegt. Sie sind sehr wartungsarm. Da diese Filter immer wieder selbstständig trocknen, ist die Gefahr einer Keimbildung sehr gering. Schließt man an jedem Fallrohr diesen Fallrohrfilter an und leitet das Wasser über Abzweige in eine Zisterne, eignet er sich auch für größere Dachflächen. Erhältlich sind Filtersammler aus Kunststoff,

Kupfer und Zink, wodurch sie sich jedem bestehenden Dachrinnensystem
anpassen.

Der **Rohrfilter** besteht aus einem
etwa 120 cm langen, auseinander-
nehmbaren Rohrsystem, dessen Innen-
teil aus einem Filter besteht, der ähnlich wie ein Filtersammler funktioniert.
Der schräg liegende Rohrfilter kommt
nur bei Kellertanks zum Einsatz und
sollte regelmäßig an der unteren
Schrauböffnung gereinigt werden.

*Ein im Dachrinnensystem eingebauter
Fallrohrfilter führt grobe Schmutzteile in
die Dränage ab. Über das Rohr mit dem
geringeren Durchmesser läuft vorgerei-
nigtes Regenwasser in die Zisterne.*

*Fallrohrfilter,
ein Modell eines Filtersammlers*

Erdfeinfilter oder Wirbelfeinfilter
sind Namensgebungen unterschiedlicher Fabrikate, deren Funktionsweise
bis auf geringe Abweichungen iden-
tisch sind. Dieser insbesondere für
größere Dachflächen geeignete Filter
hat einen hervorragenden Wirkungsgrad und eignet sich für Dachflächen
bis zu 500 m². Um seine Funktion
auch im Winter zu gewährleisten,
muss er bis auf die Frostsicherheits-
grenze im Boden versenkt werden.
Hinzu kommt ein Höhenunterschied
von etwa 50 bis 60 cm zwischen Ein-
und Ablaufrohr.

Der aus drehbaren Teilen zusammengesetzte Filterkörper kann
entsprechend des Geländes und der
Verlaufrichtung der Anschlüsse verändert werden. Der Revisionsschacht ist
mit einem fest verschließbaren Deckel
versehen. Durch aufsteckbare oder te-
leskopartige Verlängerungen reicht die
Filteroberkante bis an die Erdoberflä-

*Oben: Dieser Wirbelfeinfilter wurde zu
Demonstrationszwecken aufgebaut. Gut
erkennbar sind die unterschiedlichen
Wasserabläufe.*

*Rechts: Aufbau eines Wirbel-Feinfilters.
Bei tieferem Einbau wird ein Verlänge-
rungsrohr erforderlich, das in verschiedenen Längen und Durchmessern erhältlich
ist. 1 Gehäusedeckel, 2 Nocke zur Deckelsicherung, 3 Aushebebügel, 4 Filtereinsatz,
5 Nut zur Deckelsicherung, 6 Zwischen-
oder Abschlussring, 7 Regenwassereinlauf,
8 Zisternenzulauf, 9 Kanalanschluss, 10
Zentriernase, 11 Übergangsrohr, 12 Zen-
triernut, 13 Schnittstelle, 14 Verlänge-
rungsrohr.*

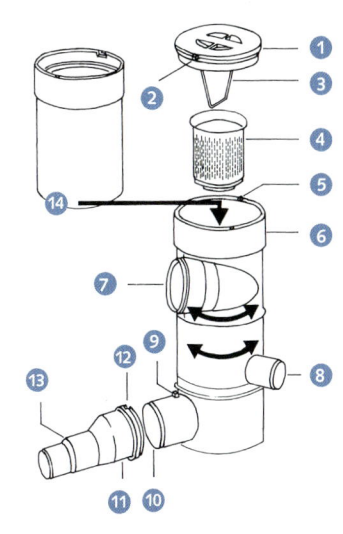

Das ankommende Regenwasser in einem Wirbelfeinfilter wird zentrifugiert, so dass grobe Schmutzteile vom Regenwasser getrennt und abgeführt werden.

Überströmfeinfilter und Schräg-überströmfeinfilter bestehen in ihrem Innenleben nicht aus zylindrischen Filtereinsätzen, sondern filtern das Regenwasser über gerade oder schräg liegende Filtersiebplatten. Ein- und Ablaufhöhen liegen dabei je nach Modell auf einer Ebene oder in nur geringer Höhendifferenz zueinander. Auch diese Filter werden im Boden eingesetzt, Leistung und Wirkungsgrad entsprechen jedoch nicht dem vorausgegangenen Modell. Bei allen genannten Filtertypen ist immer ein Anschluss an den Kanal vorgesehen. Über diesen Ablauf werden alle Schmutzpartikel abgeschwemmt. Dabei ist mit einem Regenwasserverlust von etwa zehn Prozent zu rechnen.

Die **Filterplatte** ist ein Filtertyp, der ausschließlich bei Betonzisternen zum Einsatz kommt und nur lieferantenbezogen bestellt werden kann. Die Filterplatten liegen unterhalb des Zisternenkopfes und sind wahlweise mit oder ohne Filterkorb lieferbar. Der Zisternenkopf, auch Konus genannt, ist wie bei allen anderen Zisternen mit einem Schachtdeckel versehen. In den Einsätzen sind Filter aus Porenbeton eingelassen, durch die das Regenwasser fließt und langsam in die Zisterne tropft. Gleichzeitig sind in der Platte Anschlüsse für Überlauf und Wasserentnahme mit eingebaut. Die Filterplatte muss regelmäßig gereinigt werden, was am besten mit einem Nassstaubsauger zu bewältigen ist. Die Effizienz der Filterplatte hängt vom Verschmutzungsgrad der Regenwasser-Sammelfläche ab. Bei Sammelflächen mit einem starken Laubbaumbestand ist von dieser Filterung eher ab-

che. Keineswegs dürfen Filter dieser Baureihe einfach im Erdboden eingegraben werden. Für einen sicheren Halt und unverrückbaren Sitz sollten sie in ein Magerbetonbett eingesetzt werden.

Die Funktionsweise des Filters entspricht wiederum dem eines Fallrohrfilters, jedoch in größeren Dimensionen. Durch Entfernen des Deckels kann man über einen Bügel den Edelstahl-Korbfilter leicht entfernen und gelegentlich reinigen. Die technischen Unterschiede von einem zum anderen Lieferanten liegen in der Stärke der Filtereinsätze und in den unterschiedlichen Versatzhöhen (d. h. die Höhendifferenz zwischen Oberkante Einlauf und Unterkante Ablauf). Je höher diese ist, desto besser ist die Verwirbelung und somit die Filterwirkung. Beim Einbau ist unbedingt noch darauf zu achten, dass das Zulaufrohr in einer Länge von mindestens 1 bis 2 m gerade verläuft.

zuraten, weil der regelmäßige Reinigungsaufwand zu hoch wäre.

Eng mit der Filterung verknüpft ist ein so genannter **Drei-Wege-Schieber**, der den Erstverwurf von Regenwasser regelt. Wenn es lange nicht geregnet hat und sich sehr viel Schmutz auf den Sammelflächen gesammelt hat, dann ist es immer sinnvoll, die trotz Filterung noch in die Zisterne gelangenden Schmutzteile auf anderem Wege abzuleiten. Bewährt haben sich zeitgesteuerte Magnetventile, die über einen festzulegenden Zeitwert das Regenwasser zunächst ableiten und danach in die Zisterne fließen lassen. Noch genauere Geräte werden über Fotozellen gesteuert. Stellt die Fotozelle eine Wassertrübung durch Staub und Schmutzteile fest, läuft das Regenwasser solange in den Kanal ab, bis es klar ist. Für den privaten Gebrauch werden sich solche Investitionen kaum lohnen, denn sie sind sehr teuer. Im Erwerbsgartenbau, bei dem die Wasserqualität eine bedeutende Rolle spielt, ist der Einbau einer solchen Erstverwurfanlage sicherlich sinnvoll, denn sie verhindert den Einlauf von abgelagerten Schwermetallen und die unter Umständen sehr hohen Belastungen von Vogelkot im Sammelwasser.

Pumpen und Kleintechnik

Um gespeichertes Regenwasser aus einer Zisterne auch nutzen zu können, benötigt man eine Pumpe. Für welche Pumpe man sich letztlich entscheidet, hängt davon ab, für welchen Zweck das gesammelte Regenwasser verwendet wird, wie groß die Zisterne ist und wie viel Abnahmestellen geplant sind.

Zu Zeiten, als der Wasserhahn im Haus noch nicht selbstverständlich war, wurde Wasser generell mit **Handschwengelpumpen** aus Brunnen oder Zisternen hochgepumpt. Diese Pumpen, die lange vom Markt verschwunden waren, gibt es inzwischen wieder. Jeder Baumarkt bietet sie einschließlich dem dazugehörenden Saugset an. Diese Gusspumpen können sehr schön auf dem Kopfteil einer im Boden sitzenden Betonzisterne montiert werden. Natürlich ist die Wasserförderung damit sehr mühsam, und sie sollte nur eine nostalgische Ergänzung zu einer vernünftigen Elektropumpe sein. Mit etwas Geschick kann eine Handschwengelpumpe mit einer einfachen Tauchpumpe zu einer nützlichen Wasserentnahmestelle für den Garten umfunktioniert werden.

Bei elektrischen Pumpen hat man die Wahl zwischen fünf verschiedenen Arten, die mit hunderten von verschiedenen Modellen auf dem Markt sind:

Wer lediglich Wasser zum Gießen oder für Reinigungsarbeiten aus der Zisterne abziehen will, für den reicht eine einfache **Gartenpumpe**, deren Saugschlauch in die Zisterne gehängt wird. Für wenig Geld erhält man bereits leistungsstarke Geräte. Die zugehörige Sauggarnitur ist mit einem Rückschlagventil versehen. Bei einem Neustart der Pumpe sollte das Pumpengehäuse mit Wasser aufgefüllt werden. Pumpen dieser Art sind nicht für den Dauerbetrieb ausgelegt, was alleine ihr hoher Geräuschpegel schon verbietet.

Besser geeignet sind hier schon **Tauchpumpen**, die man an einem Seil oder einer nicht rostenden Kette (niemals am Kabel!) in die Zisterne ablässt. Ihre Vorteile sind: Sie arbeitet praktisch geräuschlos, die Wassersäule ist sofort aufgebaut und die Fördermenge ist sehr hoch. Der eigentliche Wasserdruck lässt etwas zu wünschen übrig, daher eignen sich Tauchpumpen auch nicht zum Betreiben von Hauswasseranlagen und Gartenregnern.

Für derartige Abnehmer kommt eine **Tauchdruckpumpe** in Betracht. Sie ist auch als **Brunnenpumpe** im Handel. Genau wie die Tauchpumpe wird sie einfach in die Zisterne eingehängt. Da sie empfindlicher als ihre etwas leistungsschwächere Schwester ist, sollte sie niemals bis auf den Grund in die Sedimentschicht der Zisterne abgelassen werden. Die Brunnenpumpe baut einen sehr hohen Druck bei gleichzeitig großer Fördermenge auf. Sie findet in vielen Bereichen Verwendung und sollte immer dann eingesetzt werden, wenn Pumpengeräusche als störend empfunden werden. Es gibt durchaus Bauten, zum Beispiel aus dem Fertighausbereich, die das Brummen einer Pumpe wie ein Resonanzboden noch verstärken.

Wer die Pumpe nicht in der Zisterne versenken will, für den kommt eine **Jetpumpe** in Betracht. Diese Pumpe

Der gestaltete Platz mit einer Buchsbaumeinfassung rund um die Schwengelpumpe ist eine gelungene Komponente in dem Bauerngärtchen.

wird im Keller eingebaut, sie saugt über eine durch die Wand geführte Saugleitung das Wasser direkt aus der Zisterne an. Sie besitzt eine hohe Saugleistung, da sie Wasser auch dann ansaugt, wenn sich in der Saugleitung Luft befindet. Dadurch hat sie einen sehr hohen Energieverbrauch und ist recht laut.

Die beste aller Lösungen, mit der gleichzeitig alle geplanten Verbrauchsstellen mit Wasser versorgt werden können, ist die **Kreiselpumpe.** In der Regel ist sie recht leise und verbraucht mindestens 30 Prozent weniger Strom als die Jetpumpe. Ihr Preis ist dafür auch wesentlich höher. Große Fördermengen, ausreichend Druck sowie Laufruhe versprechen mehrstufige Kreiselpumpen, wo mehrere Schaufelräder hintereinander geschaltet sind. Man unterscheidet selbst und normal ansaugende Typen. Nur wenn eine Pumpe unterhalb des Wasserniveaus einer Zisterne steht, ist der Einsatz einer normal saugenden Pumpe sinnvoll. Besser ist es, sich gleich eine selbst ansaugende Pumpe zu kaufen. So entgeht man dem lästigen Füllen des Saugschlauchs, falls die Wassersäule einmal abgerissen ist.

Die Leistungsangaben auf den Beschreibungen von Pumpen sind in der Regel Maximalwerte. Sie gelten nur für die Pumpe, ohne jeglichen Widerstand von Leitungen, Ventilen oder Druckreglern und ohne Reibungsverluste durch die Saugleitung. Zur Berechnung der richtigen Pumpenleistung gelten zwei Faktoren: Zum einen muss man wissen, wie viel Wasser benötigt wird, zum anderen muss der Druckverlust mit berücksichtigt werden, der sich aus dem Höhenunterschied der Saugleitung und dem Reibungsverlust der Druckleitungen ergibt.

Eine allgemein gültige Formel besagt, dass pro Meter senkrechter Saug- und Druckleitung 0,1 bar benötigt werden. Der Reibungsverlust in waagerechten Leitungen berechnet sich ebenfalls mit 0,1 bar pro laufendem Meter. Wenn eine Pumpe aus 6 m Tiefe Wasser fördern soll, und dieses in einem 12 Meter langen Leitungsnetz transportiert werden soll, so wird ein Druck von 1,8 bar benötigt. (0,6 bar Saugleitung + 1,2 bar Druckleitung = Leistung). Nun wird man sich kaum mit dieser Leistung begnügen können, denn mit diesen Nennwerten würde das Wasser ohne jeglichen Druck aus dem Hahn fließen. In Haushalten ist ein Wasserdruck von 4 bis 5 bar üblich. Dieser Wert ist also noch dazu zu addieren.

Im nebenstehenden Kasten sind unterschiedliche Abnehmer mit ungefähren Abnehmermengen aufgelistet. Addiert man diese Werte und gleicht sie mit der Kennlinie einer Pumpe ab, kann leicht das richtige Gerät bestimmt werden. Im Normalfall reicht eine Pumpe, deren Endleistung unter Einbeziehung der angesprochenen Kriterien bei einem Förderdruck von 3 bis 4 bar und einer Fördermenge von 40 bis 50 Litern pro Minute liegt. Genauere Angaben zur Ermittlung der Förderleistung von Pumpen sind auf S. 107 ff. aufgeführt.

Damit eine Pumpe nicht ständig in Betrieb ist, sorgt ein **elektronischer Druckschalter** für die Ein-/Aus-Schaltfunktion. Sobald an einer Abnahmestelle Wasser entnommen wird, schaltet die Pumpe sich ein. Durch diese Schaltphasen entstehen Druckstöße, die man durch eine Verlängerung der Phasen mit Hilfe eines **Druckausgleichsbehälters** abpuffern kann. Viele Pumpen sind heutzutage mit **Druckregelautomaten** ausgestattet.

Je stärker die Nutzung des Regenwassers auf den Haushalt ausgeweitet wird, desto ausgefeilter muss die Technik der Pumpe sein. In den letzten Jahren wurden auf diesem Gebiet sehr viele Neuerungen geschaffen, die die Verteilung und Verwendung von Regenwasser wesentlich vereinfachen.

Bei Nutzung aller Möglichkeiten ist heutzutage die Anschaffung von so genannten Systemkomponenten sinnvoll, die von der Pumpe über eine **Füllstandsanzeige**, einem **Trockenlaufschutz** und einem **Druckregler** bis hin zur **Trinkwassernachspeisung** alles in einer technischen Einheit kombiniert haben. Für welches Gerät man sich letztlich entscheidet, ist sicherlich nicht einfach. Die Geräte können mit den unterschiedlichsten Pumpen ausgestattet werden, so dass eigentlich für jeden Bedarf das richtige Gerät zu finden ist. Die Bedarfsermittlung und die Installation gehört, ohne einem geschickten Bastler zu nahe treten zu wollen, in die Hand eines Fachbetriebs.

Die Trinkwassernachspeisung springt immer dann ein, wenn die Zisterne wegen Regenmangels leer geworden ist. Sie muss sich laut Gesetzgebung immer außerhalb der Zisterne befinden und darf auch über kein Leitungssystem mit ihr verbunden sein. Man unterscheidet hierbei zwischen zwei sehr unterschiedlich arbeitenden Arten. Bei der ersten Variante erfolgt die Trinkwassereinspeisung direkt in die Zisterne, die bei Bedarf bis zu einem bestimmten Stand aufgefüllt wird. Die zweite Variante schaltet die Funktion der Zisterne aus, wenn diese leer ist und steuert das Trinkwasser direkt an den Abnehmer (Toilette, Waschmaschine).

Verzichtet man auf eine Kompaktanlage und entschließt sich für die Installation einer bedarfsgerechten, selbst ansaugenden, mehrstufigen Kreiselpumpe mit einer Steuereinheit,

Wasserabnehmer	Bedarf/Minute
WC-Spülkasten mit Spartaste	6 l/min
WC-Spülkasten ohne Spartaste	10 l/min
WC-Druckspüler	72 l/min
Waschmaschine	20–30 l/min
Gartenregner	15–30 l/min
Gartenschlauch $1/2$-Zoll	20 l/min
Gartenschlauch $3/4$-Zoll	30 l/min

So sollte eine technisch einwandfrei funktionierende Hauswasseranlage installiert werden.

nehmern an ein und der selben Anlage lohnt sich der Einbau eines **Wasserverteilers**. Dies ist ein Messingrohr mit einem 1-Zoll-Zugang und vier Abgängen in $^1/_2$-Zoll-Stärke, an denen die einzelnen Verbrauchsstellen angeschlossen werden.

Hinweisschilder sind vom Gesetzgeber zwingend vorgeschrieben. Jeder, der eine Regenwasser-Nutzungsanlage in seinem Haus betreibt, muss diese mit einer passenden Beschilderung auch als solche ausweisen. Man erhält sie als festes Schild oder auch Aufkleber mit einer Beschriftung und zusätzlichen, sehr verständlichen Symbolen. Ganz besonders wichtig ist diese Beschilderung immer dann, wenn Leitungen mit unterschiedlicher Wassergüte, also Trinkwasser und Regenwasser, parallel miteinander verlaufen. Zapfhähne im Innen- und Außenbereich sind immer einzeln zu kennzeichnen. Ein Wasserhahn, aus dem Regenwasser fließt, muss grundsätzlich mit einem abnehmbaren Vierkant- oder Sechskant-Schlüssel versehen sein, der ein einfaches Öffnen des Hahns verhindert.

Zisternen-Zubehör

Für im Boden versenkte Kunststoffzisternen gibt es herstellergebundene **Schachtverlängerungen oder Domaufsätze**. Die zumeist steckbaren Aufsätze haben einen Durchmesser von 40 bis 60 cm und ermöglichen einen Zugang in die Zisterne. In der Regel erhält man sie in allen passenden Längen, so dass eine Verbindung zwischen Zisternenebene und Erdober-

so sollte diese zur Geräuschminderung auf einer gummigepufferten **Pumpenkonsole** montiert sein. Für die im Keller angeschlossene Pumpe werden eine **Mauerdurchführung** für die Saugleitung und weitere Kabelanschlüsse benötigt. Die einfachere Lösung wäre ein eingelassenes heißwassertaugliches (HT) Rohr DN 100, was aber im Gegensatz zur fertigen Mauerdurchführung selten dauerhaft und sauber dicht wird. Bei mehreren Wasserab-

kante hergestellt werden kann. Der Domschacht selbst ist durch einen Dreh- oder Bajonettverschluss verschließbar. Andere Modelle haben Klemmdichtungen mit einem Gummiring oder Verschlüsse mit einem Hebel. Sie sollten immer sehr schwer zu öffnen und kindersicher sein. In gewissen Abständen wird es selbst bei sorgfältigster Vorfilterung nötig sein, in die Zisterne zu steigen und diese zu reinigen. So sind gleichzeitig einfachste Kontrollen des Wasserstands und der Wasserqualität möglich.

In vielen Zisternen ist ein **beruhigter Einlauf** bereits integriert. Sollte das nicht der Fall sein, wäre ein nachträglicher Einbau sehr sinnvoll. Wenn Regenwasser ungebremst in die Zisterne schießt, werden die am Boden angesammelten Sedimente permanent aufgewirbelt. Dadurch wird der natürliche Zersetzungsprozess durch Mikroorganismen erheblich gestört und das Wasser ist ständig trüb. Der beruhigte Einlauf ist ein normales 100er heißwassertaugliches (HT) Rohr, das am Filterausgang angeschlossen wird. An seinem anderen Ende befindet sich eine Muffe mit Doppelausgang, an die zwei 90-Grad-Winkelstücke angeschlossen sind. Diese wiederum sind in einer Schale mit etwa 40 cm Durchmesser befestigt, die auf dem Boden der Zisterne sitzt. Das neu ankommende Regenwasser fließt durch dieses Rohrsystem ohne jeglichen Druck und verhindert die ungewollten Aufwirbelungen. Das System kann von Hersteller zu Hersteller leicht differieren, in ihrer Wirkung sind sie dennoch alle gleich.

Der knieförmige **Siphon** sieht wie ein aus dem Sanitärbereich bekannter Ablauf aus, er ist nur wesentlich größer. Man schließt ihn an den Kanal an oder lässt ihn in einer Versickerung enden. Durch die tiefe knieförmige Ausbildung ist ein Austrocknen ausgeschlossen und die sich darin befindende Restmenge an Wasser ist gleichzeitig ein sicherer Geruchsschutz gegenüber dem angeschlossenen Kanal. Das steckfertige Bauteil bietet aber noch eine weitere Besonderheit: die Ablauföffnung des Siphons verläuft in einem etwa 30 Grad schrägen Winkel. Nur durch diese Schräge ist gewährleistet, dass Schwebstoffe wie Staub, Pollen und Ähnliches zum größten Teil gleich mit abgespült werden. Hierdurch kann eine übermäßige Sedimentation der Zisterne von vornherein verhindert werden. Aus diesem Grund ist es besonders wichtig, dass jede Zisterne mehrfach im Jahr überlaufen kann.

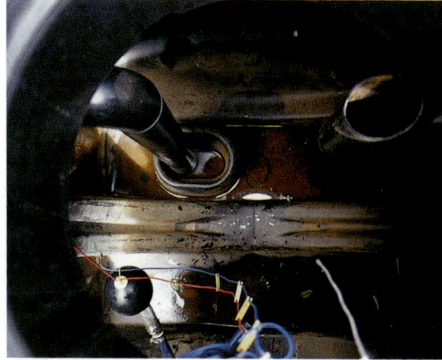

So sieht das Innenleben einer funktionellen Zisterne aus. Zu erkennen sind die schwimmende Entnahme, der Siphon und der beruhigte Einlauf.

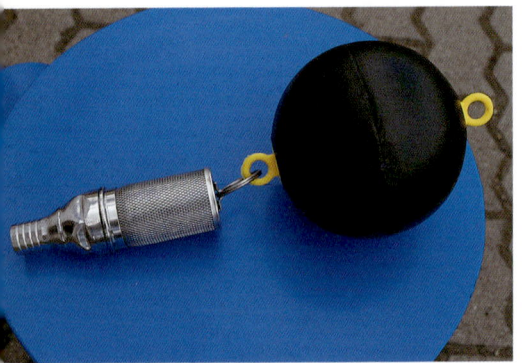

Oben links: Die schwimmende Entnahme besteht aus einer Schwimmkugel mit Seilaufhängung und dem eigentlichen Saugkorb.

Oben: Durch einen beruhigten Regenwassereinlauf werden die Schmutzteilaufwirbelungen bei Einspeisung des Regenwassers verhindert.

Links: Der Siphon verhindert unangenehme Kanalgerüche.

Ein Kleintierschutz sollte bei keiner Zisterne fehlen, er kann mit nur geringem Aufwand eingebaut werden.

Was wäre eine Zisternenanlage ohne **Überlauf**. Man benötigt ihn in zweierlei Hinsicht: zum einen wird überschüssiges Wasser bei extremen Regengüssen zielsicher abgeleitet, zum anderen dient der Überlauf der Wasserregeneration. Beim Einbau eines Tanküberlaufs sollte die Rückstauebene beachtet werden. Wenn die Überlauföffnung höher als der Kanaldeckel in der Straße liegt, ist wenig zu befürchten; anders, wenn sie unter der Straßenoberkante liegt.

Um den Rückfluss von Kanalwasser zu verhindern, muss eine **Rückstauklappe** eingebaut werden. Auch Wirbelfeinfilter können entsprechend ihrer Einbautiefe von diesem unangenehmen Rückfluss in ihrer Funktion beeinträchtigt werden. Eine hundertprozentige Funktion des Filters ist nur mit dem Einbau einer zusätzlichen Rückstauklappe möglich. Rückstauklappen sind wartungsintensiv, deshalb baut man sie jederzeit zugänglich in einem getrennten Schacht ein.

Durch den Anschluss an den Kanal oder auch einer Versickerung läuft man Gefahr, dass Kleintiere wie Ratten oder Mäuse in die Zisterne gelangen könnten. Dies kann man mit Hilfe eines **Kleintierschutzes** wirksam unterbinden. Dies ist eine sternförmige Räder- oder Drahtverspannung innerhalb eines Rohres, welche unmittelbar vor dem Kanalanschluss eingepasst wird. Der verbleibende Zwischenraum der Verspannungen erlaubt kleinen Nagetieren keinen Durchlass. Es gibt Anbieter, die den Kleintierschutz gleich im Überlaufsiphon integriert haben.

Die schwimmende Entnahmeleitung ist ein weiteres wichtiges Teil, das erst den problemlosen Betrieb einer Regenwasserzisterne ermöglicht. Die Anschaffung ist besonders wichtig bei großen Erdbehältern, die mit gefiltertem Regenwasser gespeist werden. Unterhalb einer Schwimmkugel befindet sich ein Ansaugkorb mit Rückschlagventil aus Edelstahl, der an einem einen Meter langen 1-Zoll-Spiralschlauch mit Pumpenanschluss endet. Durch den Schwimmball wird der Ansaugkorb ständig auf einer gleichmäßigen Wassertiefe von 15 cm gehalten, wodurch eine sediment- und schwebstofffreie Wasserentnahme möglich ist. Alle Anschlüsse sind aus korrosionsfreiem Edelstahl und jederzeit verlängerbar.

Im Zeitalter der Elektronik sollte ein **Füllstandsmessgerät** nicht fehlen, erleichtert es doch wesentlich die Wasserstandsbestimmung einer Zisternenanlage. In der Regel bestehen sie aus einem kleinen Gerät mit fünfstelliger LED-Anzeige, die frei skalierbar nach vorhandener Tankgröße ist. Eine Verwendung im Freien ist möglich. Das Gerät ist netzunabhängig und wird über eine 9-Volt-Blockbatterie betrieben. Die Entfernung zwischen Messpunkt und Anzeige kann bis zu 200 m betragen.

Funktionsweise einer Regenwassernutzungs-Anlage

Regen fällt auf das Dach und wird über die Regenrinne in das Fallrohr geleitet. Das Wasser gelangt in den Filter, wobei Schmutzteile mit etwa zehn Prozent Regenwasser in den Kanal abgespült werden. Der Rest wird über eine Zuleitung mit beruhigtem Einlauf in den Sammelbehälter geleitet. Wassermengen, die das Volumen des Sammelbehälters überschreiten, werden über den Ablauf in den Kanal oder eine Versickerung abgeleitet.

Die Wasserentnahme erfolgt über einen knapp unter der Wasseroberfläche liegenden Saugkorb, dessen Schlauch am Saugteil einer Pumpe endet. Die Pumpe ist mit einem Druckausgleichsbehälter verbunden und mit Anschlüssen für einen Trockenlaufschutz, Wasserstandsmelder und einer Trinkwassernachspeisung ausgerüstet. Über einen Wasserverteiler gelangt das angesaugte Wasser aus dem Sammelbehälter an die einzelnen Abnehmerstellen.

Materialliste für eine komplette Regenwasser-Nutzungsanlage

Im nachfolgenden Beispiel, das wie ein Angebot aufgebaut ist, sind alle notwendigen Bauteile aufgeführt, die zum Betreiben einer Regenwasser-Nutzungsanlage notwendig sind.

Ein **Stahlbeton-Erdspeicher** (aus B45, bis 40 Tonnen belastbar) mit einem Nutzvolumen von 6000 Litern.

Monolithische Bauweise, mit begehbarer Schachtabdeckung. Steckfertige Zu- und Auslauföffnung sowie eine Öffnung für Versorgungsleitung mit Dichtung für Rohre DN 100 im Konus. Eine Mörtelfuge zwischen Konus und dem zylindrischen Teil des Behälters. Gesamthöhe 2,6 m, Außendurchmesser 2,2 m. Gewicht 4,2 Tonnen.

Ein **Wirbel-Feinfilter**, PKW-befahrbar, zum Erdeinbau für Dachflächen bis 200 m^2 mit DN 100-Anschlüssen. Alternativ: ein Wirbel-Feinfilter für Dachflächen bis 500 m^2, Zulauf und Ablauf maximal DN 150, Speicheranschluss DN 100 einschließlich beruhigtem Einlauf, Standardanschluss DN 100 und Überlaufsiphon DN 100 mit integriertem Kleintierschutz.

Rückstauklappe gegen rücklaufendes Kanalwasser. Der Einbau ist nur nötig, wenn der Filtereinbau unterhalb des Kanaleinlaufs erfolgen muss.

Ein **Hauswasserwerk Aspira 10-3** (600 Watt), selbst ansaugende, wartungsfreie, dreistufige Kreiselpumpe mit Schaltautomat SA 02 03 und Trockenlaufschutz der Pumpe.

Eine **Edelstahl-Konsole** mit Gummipuffer zur Wandmontage der Pumpe.

Ein schwimmender **Edelstahl-Ansaugfilter** mit 2 m hoch flexiblem, keimhemmenden 1-Zoll-Saugschlauch, inklusive Verschraubungen und Edelstahl-Schlauchschellen.

Ein flexibler **1-Zoll-Edelstahl-Panzerschlauch**, 50 cm lang.

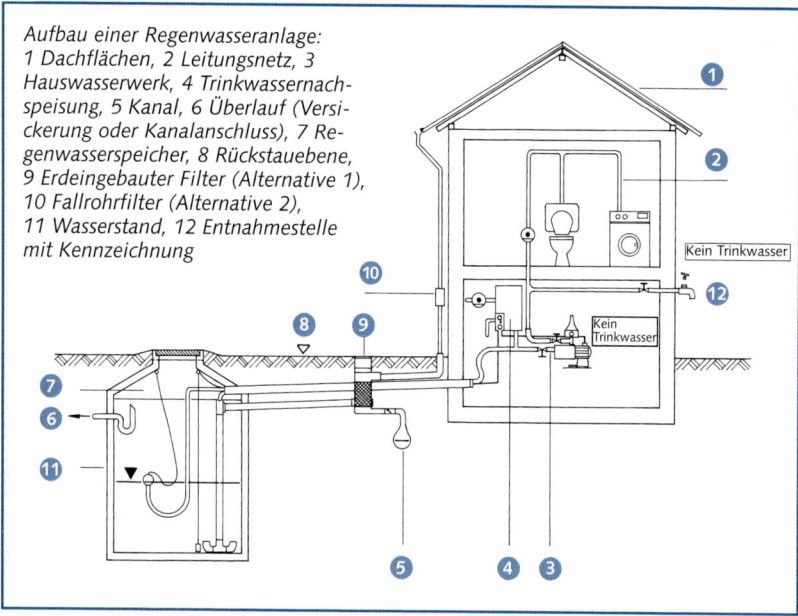

Aufbau einer Regenwasseranlage:
1 Dachflächen, 2 Leitungsnetz, 3
Hauswasserwerk, 4 Trinkwassernachspeisung, 5 Kanal, 6 Überlauf (Versickerung oder Kanalanschluss), 7 Regenwasserspeicher, 8 Rückstauebene,
9 Erdeingebauter Filter (Alternative 1),
10 Fallrohrfilter (Alternative 2),
11 Wasserstand, 12 Entnahmestelle
mit Kennzeichnung

Kein Trinkwasser

Kein
Trinkwasser

Eine **Anlagensteuerung** misst kapa-
zitiv und zeigt elektronisch den Füllstand in der Zisterne an. Sie sorgt bei
Wassermangel für ein bis zwei Prozent
Trinkwassernachspeisung mit einem
240 Volt-Messingventil und schützt
die Pumpe vor Trockenlauf. Alternative: ein **Trinkwasser-Nachspeisemodul**
zur hausinternen Trinkwassereinspeisung mit elektronischer Funktions-
überwachung des Schwimmschalters
und der Möglichkeit zum manuellen
Umschalten auf Trinkwasserbetrieb.

Ein **Kennzeichnungsset**, bestehend
aus Hinweisschild, Kennzeichnungs-
schildern sowie Klebefahnen für die
Regenwasserleitung im Keller.

Nicht aufgelistet sind die benötigten
heißwassertauglichen (HT) Rohre,

Heißwassertaugliche Rohre (HT) und
die dazugehörenden Anschluss- oder
Verbindungsteile bestehen immer aus
einer Muffe mit integrierter Gummi-
dichtung sowie einem glatten Teil.
Sie können mit einer Eisensäge problemlos eingekürzt werden. Abge-
trennte Teile sollten vor dem Zusammensetzen mit einer Feile leicht
nachgearbeitet werden. Je größer der
Durchmesser der Teile ist, desto
schwieriger wird der Zusammenbau;
gegebenenfalls Schmierseife auf die
Kanten der zusammenzufügenden
Teile geben. Beim Zusammensetzen
sollte man möglichst immer mit einer
Muffe beginnen, da der Wasser-
durchfluss so besser gewährleistet ist.

Winkel, Bögen, Verjüngungen, Sammler und Verbinder, die beim Einbau benötigt werden. Sie sind bei jedem Baustoffhändler erhältlich. Welche und wie viele Teile davon eingesetzt werden müssen, hängt letztlich von der Lage der Zisterne ab. Je weniger Bögen und Winkel benötigt werden, desto geringer ist der Fließwiderstand des Wassers.

Häufig auftretende Fragen zu Regenwasserzisternen

Ist eine Kunststoffzisterne besser als eine Betonzisterne?
▶ Kunststoffzisternen sind in der Regel kleiner, und nicht jeder Typ kann im Erdboden vergraben werden. Falls sie im Boden eingelassen sind, muss die geringere Belastung (Befahrbarkeit) von oben beachtet werden. Betonzisternen sind teurer, dafür wesentlich haltbarer. Das Speichervolumen ist je nach Typ bedeutend größer. Die Installation ist aufwändiger.

Wie groß soll eine Zisterne sein?
▶ Sie soll so groß sein, dass sie ein- bis zweimal pro Jahr überlaufen kann; das eigentliche Volumen hängt von verschiedenen Faktoren ab. Zur Ermittlung der richtigen Größe bitte auf S. 104 ff. nachlesen.

Ist ein Regenwasserfilter unbedingt erforderlich?
▶ Bei intensiver Nutzung des Regenwassers ist eine Filterung unabdingbar. Wird Regenwasser nur zur Gartenbewässerung eingesetzt, kann die Filterung weitgehend entfallen. Dadurch erhöhen sich allerdings die Wartungs-

gänge an Zisterne und Pumpenaggregaten.

Bleibt gesammeltes Regenwasser frisch?
▶ In unterirdischen Zisternen bleibt gesammeltes, vorgefiltertes Regenwasser durch totale Lichtabschirmung bei einer Temperatur von 11 bis 14 °C immer frisch. Mikroorganismen können sich nur bis zu einem gewissen Prozentsatz vermehren.

Soll Regenwasser immer über einen beruhigten Einlauf in die Zisterne geleitet werden?
▶ Ja, denn ohne ihn werden Schwebteile im Wasser ständig in Bewegung gehalten. Hierdurch erhöhen sich die Wartungsintervalle an Pumpen und Ventilen und der Verschleiß an technischen Einrichtungen ist größer.

Wie ermittle ich die Rückstauhöhe, die für den Überlauf in den Kanal entscheidend ist?
▶ Die Rückstauebene ist in aller Regel die Höhe des auf der Straße eingelassenen Kanaldeckels.

Muss der Überlauf immer über einen Siphon abgeleitet werden?
▶ Wenn das überschüssige Regenwasser der Zisterne in den kommunalen Kanal abgeleitet wird, dann sollte unbedingt ein Siphon eingebaut werden (möglichst mit Kleintierschutz). Nur so können gelegentlich auftretende, unangenehme Kanalgerüche unterbunden werden.

Wofür benötigt man einen Domschacht?

▶ Der Domschacht hat zweierlei Aufgaben: Zum einen ermöglicht er eine Einbautiefe der Kunststoffzisterne von 80 cm unter der Oberfläche, zum anderen macht er die Zisterne begehbar. Betonzisternen verfügen über einen Konus und benötigen diesen Schacht nicht.

Können mehrere Kunststoffzisternen miteinander verbunden werden?
▶ Kunststoffzisternen können mit verschraubbaren Verbindungssets sicher miteinander verbunden werden. Das Speichervolumen kann somit auch noch nachträglich vergrößert werden.

Wofür benötigt man ein Ansaugset?
▶ Ein Ansaugset besteht aus einem Siebkorb und einem Rückschlagventil. Der Korb verhindert das Ansaugen von Schmutzteilen, durch das Rückschlagventil kann der Saugschlauch nicht leerlaufen und die Pumpe daher keine Luft ansaugen.

Muss eine Regenwasserzisterne im Winter entleert werden?
▶ Unterirdische Anlagen brauchen unabhängig vom Material nicht entleert werden, maßgebend ist die frostsichere Einbautiefe. Oberirdische Tankanlagen sind im Winter ganz oder nach Herstellerangaben bis zur Hälfte zu entleeren.

Was passiert, wenn eine Zisterne voll ist?
▶ Das zusätzliche Regenwasser wird dann über den angeschlossenen kommunalen Kanal abgeführt. Besser ist eine Ableitung zu weiteren Nutzungsmöglichkeiten (Teich, Versickerung),

wie sie später noch beschrieben werden.

Wie oft muss eine Zisterne gewartet werden?
▶ Die Wartungsintervalle von Zisternen hängen ausschließlich vom Grad der Filterung ab. Je intensiver das Regenwasser gefiltert wird, desto größer sind die Intervalle. Mit allen beschriebenen Zubehörteilen ausgerüstete Zisternen haben einen Reinigungsintervall von drei bis fünf Jahren. Ohne die Hygiene verbessernden Maßnahmen sollte der Zisternenboden spätestens alle zwei Jahre vom angesammelten Schlamm befreit werden.

Wie häufig müssen technische Einrichtungen gewartet werden?
▶ Pumpen und Druckleitungen sollten im eigenen Interesse jährlich kontrolliert werden. Automatische Filteranlagen sind wartungsfrei und reinigen sich von selbst. Einfache Filtertöpfe müssen in sehr regelmäßigen Abständen von groben Schmutzteilen befreit werden.

Wer baut Regenwasser-Nutzungsanlagen und wo kann man sich beraten lassen?
▶ Durch die immer aktueller werdende Regenwassernutzung sind viele neue Kleinfirmen entstanden, die eine Beratung vor Ort und auch die Installation der Anlagen übernehmen. Sie sind in der Regel dem Verband der Betriebs- und Regenwassernutzung e. V. (FBR) Darmstadt angeschlossen. Derartige Adressen erhält man vom Verband, in den Gelben Seiten oder bei regionalen Messen.

Alternativen der Regenwasser-sammlung

Nicht jeder, der sich mit dem Sammeln von Regenwasser befasst und dieses auch nutzen möchte, ist gewillt, sofort große Investitionen zu tätigen. Der Kostenrahmen ist von der Verwendungsart des gesammelten Regenwassers abhängig. Bei einer ausschließlichen Nutzung im Garten, wie sie sehr häufig praktiziert wird, können die Kosten von Sammelbehälter bis Pumpe und allem, was dazwischen liegt, bedeutend geringer ausfallen. Für die „Alternativlösungen" werden Phantasie und etwas handwerkliches Geschick sowie eine große Portion Eigeninitiative gefordert. Belohnt wird das Ganze mit geringerem Kostenaufwand und dem erhabenen Gefühl, etwas Sinnvolles selbst geschaffen zu haben.

Eigenbau eines Sammelbeckens aus Beton

Unabhängig davon, ob man sich eine Sammelanlage fertig kauft oder diese selbst baut, muss man sich den örtlichen Niederschlagsmengen und der gegebenen Sammelfläche des Daches anpassen. Die Suche nach einem geeigneten Platz und die Festlegung der Größe sind die ersten Planungsschritte. Auch für handwerklich weniger begabte Menschen stellt der Bau eines Regenwasser-Sammelbeckens keine unüberwindbaren Anforderungen an

Material und Kenntnisse, zumal man alles dafür Benötigte in einem Baumarkt oder Baugeschäft erwerben kann.

Das geplante Sammelbecken soll möglichst nahe am Haus mit einem unmittelbaren Anschluss zu einem Fallrohr liegen, aber gleichzeitig so weit als möglich in die „Gartenlandschaft" integriert werden. Oftmals besteht die Möglichkeit, aus dem Behälter eine Sitzfläche zu schaffen, die sich der Gartenoptik anpasst.

Der erste Schritt ist das Abstecken der Fläche, wobei in diesem Beispiel der Behälter eine Länge von 200 cm, eine Breite von 100 cm und eine Tiefe von 120 cm haben soll. Dies entspricht einem Regenwasser-Auffang-Volumen von 2,4 Kubikmetern.

Als nächstes wird das Loch ausgehoben, wobei auf möglichst senkrechte Seitenwände zu achten ist. Die Grube muss um etwa 20 cm breiter sein als die geplante Größe. Dieser seitliche Abstand wird später für die Verschalung benötigt. Die eigentliche Aushubtiefe beträgt nur 70 cm, denn der Behälter soll später 50 cm über der Oberkante Erdboden stehen.

Sobald die Seitenwände und der Untergrund geglättet sind, kann ein 80er heißwassertaugliches Rohr (HT) mit einem Gefälle von fünf Prozent in den Boden eingelassen und am Kanal angeschlossen werden. Um unliebsamen Überraschungen vorzubeugen, sollte die Rückstauebene vorher beachtet werden. Im Notfall setzt man den Behälter von vornherein höher. Das Rohr beginnt in einer Ecke des Behälters mit einem 90-Grad-Winkel. In diesen Winkel steckt man später lediglich ein Rohr, der so einen einfach konstruierten Überlauf bildet. Das Rohr zum Kanal wird säuberlich mit Kies abgedeckt und dann in der Bodenplatte des Behälters einbetoniert. Der 90-Grad-Winkel schließt mit der Oberkante der 20 cm starken Bodenplatte genau ab.

Um Spannungsrisse zu vermeiden, kann vor dem Betonieren eine einfache Baustahlmatte eingelegt werden. Biegt man deren Ränder von vornherein nach oben und lässt diese etwa 20 cm aus der Betonplatte herausragen, hat man eine wirksame Verbindung für die später zu fertigenden Stehwände geschaffen. Die eigentliche Bodenplatte wird präzise glatt gezogen, die Ränder mit dem Baustahlgewebe raut man auf. Ein geringes Gefälle von ein bis zwei Prozent in Richtung Abflussrohr wirkt einem Rückstau entgegen. Zur Betonherstellung wird ein Betonmischer benötigt, den man sich ausleihen kann. Die Mischung wird aus einem Kies-Sand-Gemisch 1:4 bis 1:3 mit Portlandzement plus einem Zusatz für Wasserdichtigkeit hergestellt. Die Bodenplatte soll etwa eine Woche aushärten.

Zwischenzeitlich kann man sich als Zimmermann üben und aus Brettern (oder besser: Schaltafeln) eine Verschalung bauen, die innen mit Balken leicht verspannt werden muss. Wenn man den Aushub sehr korrekt durchgeführt hat, besteht die Schalung nur

aus einer Art Kasten, der auf die Bodenplatte gestellt wird. Es schadet sicherlich nichts, wenn man in die Stehwände vor dem Betonieren zusätzliche Baustahlmatten einzieht.

Sobald die Schalung ausgerichtet ist, kann der Beton eingefüllt werden. Senkrechte Stellflächen müssen verdichtet werden, was man mit leichtem Nachstampfen erreicht. Je glatter die Innenseite des Schalmaterials, desto schöner ist später die Innenfläche des Behälters. Das sollte man vorher unbedingt beachten, denn ein späteres Nacharbeiten ist kaum möglich. Wem die Arbeit einer Holzschalung zu aufwändig ist, der kann die Stehwände über der Erdoberfläche auch aufmauern. Im Baustoffhandel gibt es hierzu eine Vielzahl geeigneter Steine, vom Ziegel- über den Hohlblock- bis zum Kalkbetonstein.

Die Innenseite und der Bereich, der aus dem Boden ragt, müssen dann verputzt werden. Verputzen ist eine Sache für sich, es gelingt nur mit gewisser Übung oder mit Nachbars Hilfe, wenn dieser zufällig Maurer ist. An der Stelle, an der später der Einlauf des Regenwassers erfolgt, wird sofort eine Durchgangsöffnung eingemauert. Zweckmäßigerweise hat sie denselben Durchmesser wie der 50er-Abgang des Filtersammlers. Die Optik im Innern des Behälters spielt keine große Rolle, wichtiger ist, dass der Behälter dicht ist. Größte Sorgfalt hingegen sollte man am oberen Rand des Behälters, auf dem später die Abdeckung liegt, walten lassen. Ist er einmal uneben, wird der Deckel nie sauber abschließen.

Wer möchte, der kann die Innenseite der betonierten und gemauerten

Stehwände mit Betonfarbe versehen, wie sie im Schwimmbad üblich ist. Meist sind hierzu mehrere Anstriche nötig, die man mit einem Roller aufbringt. Die Farbe hat zudem den Vorteil, dass sich die später plastikähnliche Oberfläche besser reinigen lässt. Hierdurch entfallen die mineralischen Ausfällungen aus dem Beton.

Die Abdeckung baut man sich in entsprechender Größe aus wetterfestem Holz oder Kunststoff. Mit größeren Scharnieren kann der Deckel direkt an der Hauswand befestigt werden. Aus Sicherheitsgründen sollte ein verschließbarer Riegel angebracht werden, der ein unbefugtes Öffnen verhindert. Metalldeckel scheiden in der Regel durch ihr zu hohes Gewicht aus, es sei denn, man findet günstig etwas aus Aluminium.

In den verbliebenen Rohrstutzen auf dem Boden des Behälters muss nun noch ein Rohr eingesetzt werden. Es dient als Überlauf, wobei seine Höhe im Behälter den Wasserstand bestimmt. Für Reinigungszwecke muss das Rohr nur entfernt werden, um restliches Wasser und verbleibenden Schmutz auf dem Boden komplett in den Kanal ablaufen zu lassen.

Der Regenwassereinlauf erfolgt aus dem Stutzen des Filtersammlers, der mit einer Verlängerung in die Wandung des Beckens ragt. Um unnötige Aufwirbelungen zu vermeiden, sollte

Dieser alte Chemikalienbehälter wurde auf einfache Art zu einem Speicher für die Gartenbewässerung umfunktioniert.

eine Verlängerung mit einem rechten Winkel bis knapp oberhalb des Beckenbodens eingesetzt werden. Das Wasser läuft so vollkommen beruhigt ein. Wenn ein Filtersammler oder auch Regendieb®, wie schon bei der Regentonne beschrieben, in richtiger Höhe eingesetzt wird, dient er gleichzeitig als weiterer Überlauf.

Das in diesem Behälter gesammelte Wasser wird in erster Linie zur Gartenbewässerung eingesetzt, eine Anwendung im Haus kommt weniger in Betracht. Zur Entnahme bieten sich zwei Arten von Pumpen an. Zum einen die Gartenpumpe, mit der über eine Sauggarnitur das Wasser angesaugt und über einen Schlauch weitergeleitet wird. Die bessere und wohl auch dauerhaftere Lösung ist der Einsatz einer Tauchdruckpumpe, da an solche Geräte Regner, Schläuche und andere Bewässerungsgeräte angeschlossen werden können.

Nicht jeder Gartenbesitzer wird in der Lage sein, diese Art von Regenwassersammler selber zu bauen, sei es aus Platz- oder Zeitgründen. Trotzdem ist er eine schöne Alternative zu den vielen angebotenen Modellen, die als fertiges Produkt auf dem Markt sind. Wenn man seine Arbeitszeit für die Herstellungskosten des selbst gebauten Behälters nicht rechnet, dürfte er auch noch preisgünstiger als ein Fertigprodukt gleicher Größe ausfallen.

Alte Klärgruben

Früher war es üblich, dass jedes Haus seine eigene Kleinkläranlage hatte. Zwar gibt es Gebiete, die nach wie vor nicht an eine Kanalisation angeschlossen sind; in der Mehrzahl der Fälle sind diese unterirdischen Mehrkammerbehälter aber nicht mehr im Gebrauch. Unglücklicherweise wurden mit dem Anschluss an das Kanalsystem viele der Kleinkläranlagen mit Sand oder Kies verfüllt, um sie außer Funktion zu setzen. Zu diesem Zeitpunkt wurde bestimmt noch nicht daran gedacht, dass solche Behälter einmal für andere Zwecke Verwendung finden könnten, denn die alte Idee, Regenwasser zu sammeln, ist ja doch auf ihre Weise wieder „neu erfunden" worden.

Preiswerter und schneller als mit der Umfunktionierung einer alten Kläranlage kann man kaum an eine großvolumige Regenwasserzisterne kommen.

Bevor diese Anlage in Gebrauch genommen werden kann, sind allerdings einige Vorbereitungen zu treffen. Der finanzielle Einsatz ist eher gering und natürlich abhängig vom Zustand der Grube. Die Angelegenheit ist eher mit einem hohen Arbeitseinsatz verbunden.

Nach dem Öffnen der Grube kann man sich einen groben Überblick über den Zustand verschaffen, Näheres wird man erst nach der ersten gründlichen Reinigung feststellen. In der Regel liegen solche aufgelassenen Kleinklärgruben trocken, sind aber voller Schmutz und Staub.

Für den Einstieg empfiehlt sich der Kauf eines Acryl-Schutzanzugs mit Kapuze. Dieser ist besonders sinnvoll, weil der Behälter mit einem Hochdruckreiniger vom restlichen Schmutz befreit werden muss. Die sich dabei ansammelnden Wassermengen saugt

Alte Klärgruben eignen sich dank ihres großen Speichervolumens bestens als Regen-wasserspeicher. Die Umfunktionierung ist allerdings sehr arbeitsintensiv.

man später mit einer Schmutzwasser-pumpe ab.

Sobald der Behälter abgetrocknet ist, offenbart sich einem der Zustand der Zisterne. Im günstigsten Fall sind alle Wände und der Boden frei von Rissen und müssen lediglich gestrichen werden. Fast immer ist dies aber nicht der Fall, und es haben sich Span-nungsrisse gebildet, die unweigerlich zu Undichtigkeiten führen. Mit Ham-mer und Meißel verbreitert man die Risse ganz leicht und verfugt sie wie-der mit einer Dichtschlämme. Für Wasserbehälter werden etwa 4 kg/m^2 benötigt, die in drei Arbeitsgängen aufgetragen werden. Das Aufbringen der Schlämme erfolgt mit einem Mau-rerquast oder Dachdeckerbesen. Für Ecken gibt es bei Bedarf zusätzliche Abdichtbänder. Beschichtungen mit diesem Präparat sind nach 24 Stunden

leicht begehbar, nach drei Tagen me-chanisch belastbar und nach sieben Tagen so weit ausgehärtet, dass sie wasserdicht sind.

Bei weniger starken Beschädigun-gen reicht auch ein Streichen mit ei-nem bituminösen Schutzanstrich. Hier sind in Abhängigkeit von dem Präpa-rat die Verarbeitungshinweise und Be-stimmungen zum Arbeitsschutz zu be-rücksichtigen. Eine weitere gute Ab-dichtungsmöglichkeit besteht mit Anstrichen auf Chlorkautschukbasis, die in den typischen Schwimmbadfar-ben erhältlich sind. Anstriche dieser Art führen zu einer absoluten Abdich-tung von Oberflächen bei Rissbildun-gen. Sie sind nach einer Viertelstunde trocken. Ein zweiter Anstrich ist nach zwölf Stunden möglich, eine erste Be-füllung kann nach zwölf Tagen erfol-gen. Man kann etwa 9 m^2 mit einem

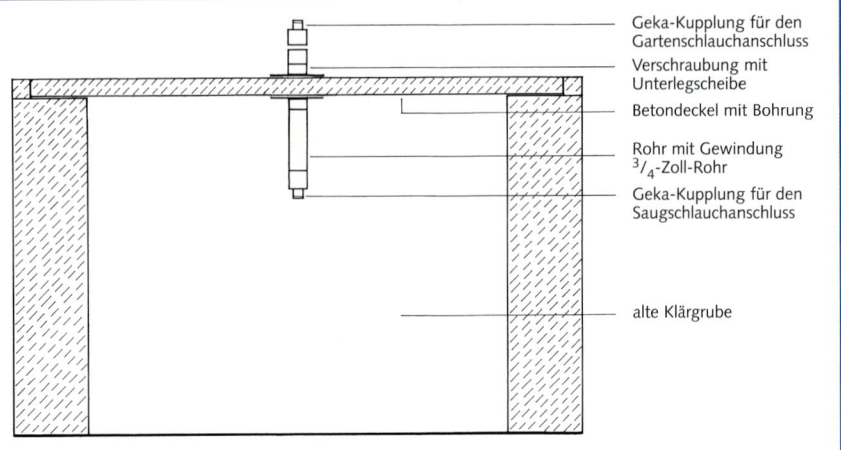

Geka-Kupplung für den
Gartenschlauchanschluss

Verschraubung mit
Unterlegscheibe

Betondeckel mit Bohrung

Rohr mit Gewindung
$^3/_4$-Zoll-Rohr

Geka-Kupplung für den
Saugschlauchanschluss

alte Klärgrube

Schematischer Aufbau einer alten Klärgrube, die als Regenwasserspeicher umfunktioniert wurde.

Liter streichen. Chlorkautschuk-Präparate entwickeln giftige Dämpfe, weshalb hier Atemschutz bei der Verarbeitung in geschlossenen Räumen zwingend vorgeschrieben ist.

Fast immer sind in solchen alten Anlagen noch blindgeschlossene Rohrabgänge der Kläranlageneingänge zu finden. Da es sich hierbei in der Regel um Normrohre handelt, können sie leicht mit passenden Verschlüssen versehen werden. Die Regenwasserzuleitung soll über einen neu gelegten Anschluss mit einem Erdfeinfilter erfolgen. Ein beruhigter Einlauf sowie ein Überlauf über einen Siphon sollten selbstverständlich sein.

Meistens wird das in aufgelassenen Klärgruben gesammelte Regenwasser nur für die Bewässerung im Garten herangezogen. Für die meist recht tiefen Gruben eignen sich am besten Tauchdruckpumpen zur Wasserentnahme. Am einfachsten ist es, wenn eine dauerhafte Entnahmestelle auf dem Betonschachtdeckel installiert wird. Dies kann ein $^3/_4$-Zoll-Wasserleitungsrohr mit einer Schlauchkupplung sein, das durch den Betondeckel geht und beidseitig mit Übergangsmuffen verschraubt wird. Damit die Muffen einen festen Halt bekommen, stabilisiert man sie mit passenden Unterlegscheiben. An dem Rohrteil, das in den Schacht ragt, befindet sich wiederum eine Kupplung, an die der Förderschlauch der Tauchdruckpumpe befestigt ist. Durch diese sehr einfache Konstruktion kommt man jederzeit an die Pumpe und kann sie vor Wintereinbruch aus dem Wasser holen.

Der Schlauch, der an der eingebauten Entnahmestelle innerhalb des Tanks eingebaut wird, muss sehr hochwertig sein. Am besten eignen sich dickwandige Spiralschläuche mit

Kunststoffeinlagen, die nicht abknicken, sich verwinden oder anderweitig ihre Form unter Belastung verändern. Als Schlauchverbindung eignen sich in diesem Fall die im Erwerbsgartenbau üblichen Messingkupplungen. Sie sind robust, dauerhaft dicht und in jedem Baumarkt erhältlich. Über einen Gartenschlauch können von der installierten Wasserstelle aus die unterschiedlichsten Bewässerungsarten betrieben werden. Auf dem Schachtdeckel kann zudem noch eine Handschwengelpumpe montiert werden. Mit ihr ist es jederzeit möglich, ohne Betätigung der elektrischen Pumpe eine Gießkanne Wasser abzuzapfen. Wer etwas aufwändigere Handschwengelpumpen sucht, als sie normalerweise im Baumarkt angeboten werden, findet im Bezugsquellenverzeichnis S. 124 ff. eine entsprechende Lieferantenliste.

Ausgediente Öltankanlagen

Gebrauchte Heizöltanks eignen sich aufgrund ihrer Form und Größe unter bestimmten Bedingungen recht gut als Speicher für Regenwasser. Aber jedermann weiß, dass ein Liter Öl in der Lage ist, 1 000 000 Liter Wasser unbrauchbar zu machen.

Heizöltanks sind in der Regel aus Metall oder Kunststoff, wobei beide Materialien folgende Probleme aufweisen: Die Oberflächen von den Innenseiten der Kunststofftanks haben durch die jahrelange Nutzung Bestandteile des Öls gebunden, so dass auch bei peinlichster Reinigung später immer noch an das Wasser Schadstoffe abgegeben werden. Bei den

Metalltanks kann es vorkommen, dass sie durch beginnende Korrosion schnell undicht werden. Korrosionsschäden an den Tanks treten auf, weil Wasser durch Kondensbildung in den Öltank gelangt, schwerer als Öl ist und daher auf den Boden absinkt. Wird in einem umfunktionierten Tank Regenwasser mit niedrigem pH-Wert gelagert, schreitet die Korrosion noch schneller voran.

Gartenbaubetriebe, die ihr Heizungssystem im Laufe der Zeit umgestellt haben, verwenden häufig riesige, unterirdische Tankanlagen mit 10 000 bis 20 000 Litern Fassungsvermögen zum Regenwasser sammeln. Für derartige Umrüstungen werden

Mit diesem Fallrohrfilter wird das ankommende Regenwasser gereinigt und dann in einen ehemaligen Öltank geleitet.

Spezialfirmen beauftragt, die diese Öltanks reinigen. Durch eine Reinigung mit Öl lösenden Chemikalien und einer neuen Innenbeschichtung aus Polyvenylchlorid (PVC) kann so ein Tank mit einem relativ hohen Kostenaufwand zu einem Regenwassertank umfunktioniert werden.

Ob nun ein derartiger Aufwand in einem privaten Haushalt gerechtfertigt ist, muss in Frage gestellt werden, zumal die Preise für neue, ähnlich große Behälter eher niedriger werden. Einzukalkulieren sind außer der arbeitsintensiven Reinigung mit Öl aufsaugenden Materialien und einem Hochdruckreiniger auch Kosten und Aufwand für eine fachgerechte Entsorgung des anfallenden Sondermülls.

Begrünte Haus- und Garagendächer

Diese Methode der Regenwasserrückhaltung unterscheidet sich wesentlich von allen zuvor genannten. Hierbei wird Regenwasser sofort ohne vorherige Speicherung verbraucht und nur zu einem kleinen Teil abgeführt. Die dabei anfallenden Mengen reichen in der Regel nicht, um noch in einem Speichersystem aufgefangen zu werden. Je nach Bauart und Bepflanzung beträgt der Wasserrückhalt bei einer Dachbegrünung 50 bis 90 Prozent, der Rest verdunstet oder wird über ein integriertes Rohr- oder Kanalsystem abgeleitet.

Eine Dachbegrünung ist als ökologisch wertvoll zu bezeichnen und vereint gleich mehrere positive Eigenschaften miteinander. Durch ihren Be-
wuchs sorgt sie für eine Verbesserung des Kleinklimas. Die Bepflanzung auf dem Dach verstärkt den Schallschutz und bewirkt eine zusätzliche Wärmedämmung. Bei fachgerechter Ausführung wird die Lebensdauer von Dachflächen, insbesondere Flachdächern, positiv beeinflusst.

Eine Dachbegrünung setzt ein abgedichtetes Dach und dessen statische Eignung voraus. Wenn dies gewährleistet ist, sind praktische alle Dachtypen dafür geeignet. Vom typischen Flachdach über ein Sheddach bis hin zum Tonnendach ist alles möglich, wenngleich bei Dächern mit Schräglagen die Schubkräfte zu berücksichtigen sind. Wellplattendächer sind für Dachbegrünungen wegen ihrer zu geringen Gewichtsbelastbarkeit nur eingeschränkt verwendbar.

Der Aufbau einer Dachbegrünung unterliegt gewissen Regeln, über die man sich vorher eingehend bei Spezialfirmen, Garten- und Landschaftsbaubetrieben und Dachdeckerfirmen informieren sollte. Unsachgemäßer Selbstbau kann sehr teuer werden, weil er in der Regel mit einem undichten Dach endet.

Der Aufbau ist im Grunde genommen immer gleich. Ein typisches Flachdach hat eine Dachkonstruktion, die aus der Tragschale, der Dampfsperre, einer Wärmedämmung und der eigentlichen Dachabdichtung aus Bitumen oder Kunststoff besteht. Darüber kommt als erste Schicht ein **Wurzelschutz**, der verhindert, dass Wurzelwerk in die Dachabdichtung wachsen kann und diese undicht macht.

Über diesem Schutz liegt eine **verrottungsfeste Fasermatte** als mechani-

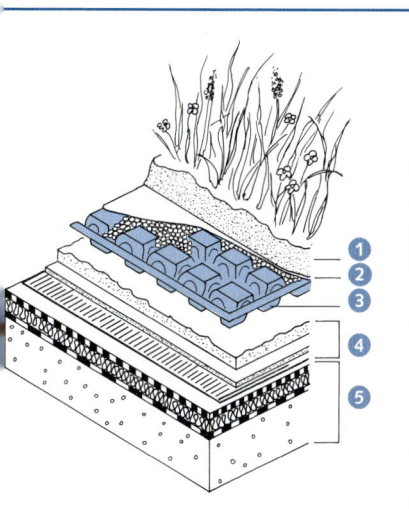

Oben: Eine Dachbegrünung mit verschiedenen Sedum-Arten ist eine wahre Augenweide. Gleichzeitig ist es eine Möglichkeit der idealen Regenwasser-Rückhaltung.

Unten: Aufbau einer Dachbegrünung: 1 Pflanzsubstrat, 2 Filterschicht, 3 Dränage-Element, 4 Schutzlagen, 5 Dachkonstruktion mit Wärmedämmung und Dachabdichtung.

sche Schutzlage. Die Norm verlangt hierbei aus Stabilitätsgründen ein Materialgewicht von 300 g/m². Das Gewebe mindert den Druck auf die Wurzelschutzschicht und verhindert ein Durchdrücken von Gegenständen bis auf die Dachabdeckung.

Als nächste Ebene wird eine **Dränschicht** eingebaut, die Staunässe verhindert und gleichzeitig für die Verteilung des anfallenden Wassers sorgt.

Erst über der Dränschicht kommt eine **Vegetationstragschicht**, die aus unterschiedlich durchlässigen Substraten mit Filterwirkung besteht, zum Beispiel auf der Basis von Tonziegelbruch. Die Vegetationstragschicht ist abhängig von der Art der Bepflanzung und der Tragfähigkeit der Dachkonstruktion.

Als letzte Schicht des sandwichähnlichen Aufbaus kommt die eigentliche **Pflanzebene**, die wiederum von verschiedensten Faktoren abhängig ist. Man hat die Wahl zwischen einer extensiven oder intensiven Begrünung.

Die **extensive Begrünung** erfordert einen ein- bis zweimaligen Pflegegang pro Jahr. Die Wasser- und Nährstoffversorgung erfolgt weitgehend aus den natürlichen Niederschlags- und Nährstoffeinträgen. Die dafür geeigneten Pflanzen sind anspruchslos, flächendeckend und regenerieren sich von selbst. Substrathöhen von bis zu 10 cm aus vorwiegend mineralischen Stoffen eignen sich für diese Begrünungsart am besten. Sie erbringen Lasten, die zwischen 50 bis 150 kg/m^2 liegen.

Bei einer **intensiven Begrünung** ist der gärtnerische Pflegeaufwand bedeutend höher. Die Lasten und die Aufbauhöhe des Unterbaus ist abhängig von den gewünschten Pflanzen; eine höhere Substrataufschüttung kann eine Gewichtsbelastung von mehr als 150 kg/m^2 bedeuten.

Art und Menge der Substrataufschüttungen können sehr unterschiedlich sein. In den nebenstehenden Zeichnungen sind die Schüttbauweisen schematisch dargestellt.

So unterscheidet man zwischen einer **Einschichtaufschüttung** als preiswerteste Variante mit hohen Folgekosten. Solche Aufschüttungen neigen zu starker Vernässung, sobald organische Substratzuschläge mit eingebracht werden. Ein weiterer Nachteil

ist die geringe Artenzahl in einer oftmals lückenhaften Bepflanzung.

Bei einem **zweischichtigen Aufbau** entstehen mäßige Folgekosten. Durch den nach Korngrößen sortierten Schichtaufbau ist die Gefahr von Staunässe durch eine geregeltere Dränage geringer und die Pflanzenauswahl bedeutend größer.

Sofern die Statik einer Dachkonstruktion es zulässt, ist der **Dreischichtaufbau** für eine intensive Dachbegrünung wohl am geeignetsten. In ihrer Herstellung ist er am aufwändigsten, hat aber gleichzeitig die geringsten Folgekosten. Der Dreischichtaufbau führt zwischen organischem und mineralischem Substratanteil eine getrennte Dränschicht. Die mineralischen Bestandteile von Dachbegrünungssubstraten bestehen im günstigsten Fall aus gebrochenen Ziegelanteilen. Ein besonders guter Schutz der Dachabdeckung ist daher immer zwingend notwendig.

Das Pflanzmaterial für eine extensive Dachbegrünung erhält man in Fachgeschäften oder Spezialbetrieben als Saatgut, Sprossen oder auch fertige Pflanze. Letztere hat den Vorteil, dass die Dachanlage sofort fertig ist und man sich längere Wartezeiten durch unterschiedliche Keimzeiten und Kulturmaßnahmen erspart. Der Kauf von fertigen Pflanzen ist allerdings erheblich teurer. Eine weitere Möglichkeit ergibt sich mit sogenannten Vegetationsmatten. Dies sind Gewebematten, auf denen Pflanzensamen in Verbindung mit einem Nährmedium eingelassen sind.

Bei der Pflanzenauswahl sollte man die Licht- und Schattenverträglichkeit

Einschichtaufbau

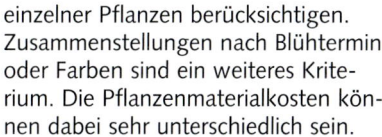

Zweischichtaufbau

einzelner Pflanzen berücksichtigen. Zusammenstellungen nach Blühtermin oder Farben sind ein weiteres Kriterium. Die Pflanzenmaterialkosten können dabei sehr unterschiedlich sein.

An für eine Dachbegrünung geeignete Pflanzen werden noch zusätzliche Anforderungen gestellt. Sie müssen trockenheitsresistent bei gleichzeitig guter Bewurzelung sein. Die Wurzelbildung soll flach sein und nicht in die Tiefe gehen. Vorteilhaft sind des Weiteren ein niedriger Wuchs bei möglichst geringem Pflegeaufwand. Je größer die Vielfalt an Pflanzen ist, desto interessanter wirkt eine Dachbegrünung, allerdings erhöht sich dann auch der Pflegeaufwand. Am pflegeleichtesten sind Pflanzungen mit unterschiedlichen Sedum-Arten. In der Regel kommt man mit zwei bis drei Pflegegängen

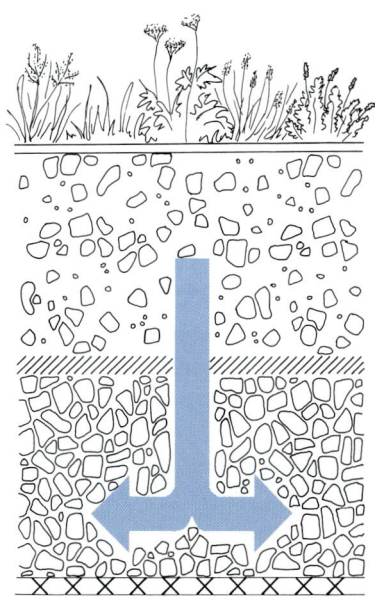

Dreischichtaufbau

pro Jahr aus. Diese beschränken sich auf Entfernen von Fremdaufwuchs (Anflug von Samen), Kontrolle der Dränage, gelegentlichen Rückschnitt, gegebenenfalls den Austausch von Pflanzen, sowie Wässern und Düngen.

Sedumsprossen sind unbewurzelte, 3 bis 5 cm lange Kopf- oder Teilstecklinge von Sedum-Arten, die auf einem Spezialsubstrat sehr schnell neue Wurzeln bilden und sich dann rasch weiter entwickeln. Für einen Quadratmeter Dachbegrünung werden etwa 50 Gramm Sedumsprossen benötigt.
Ein **Sedum-Sprossen-Sortiment** besteht aus mindestens sieben verschiedenen Arten; die Zusammensetzung kann je nach saisonalen Schwankungen sehr unterschiedlich ausfallen.
Vegetationsmatten sind Gewebematten mit eingebauten Saatgut-Arten. Diese werden auf eine mineralhaltige Substratschicht ausgelegt und angegossen. Die eingelagerten Samen keimen rasch und verankern sich in der Substratschicht. Man unterscheidet Moos-Sedum-Matten, Sedum-Gras-Kraut-Matten und Gras-Kraut-Matten.

Je nach Dachneigungswinkel, Art der Dränage, Substratschütthöhe und Bepflanzung kann es erforderlich sein, dass zumindest in der Anwachsphase eine Zusatzbewässerung erforderlich wird. Deshalb ist es sinnvoll, einen Wasseranschluss mit einzuplanen.

Bei einem Dach ohne Gefälle kann ein **Bewässerungsautomat** eingesetzt werden, der bei Trockenheit über einen Schwimmer für Wassernachschub aus einer Zisterne sorgt.

Selbst eine **vollautomatische Bewässerung** ist möglich; bei dieser Bewässerungsart handelt es sich um ein Anstauverfahren, bei der ständig eine gewisse Menge Wasser auf der Dachoberfläche steht. Eine sichere und dichte Dachabdeckung ist hierbei besonders wichtig. Über elektronische Fühler wird der Wasserstand gemessen und gegebenenfalls Wasser über ein Magnetventil abgegeben. Solche Anlagen können über netzunabhängige Solarzellen gesteuert werden.

Weitere Bewässerungsarten sind über **Regner, Sprüher** oder mit der **Tröpfchenbewässerung** möglich. Sie lassen sich von Hand sowie halb- oder vollautomatisch steuern. Um kostbares Trinkwasser einzusparen, sollte für die-

● Dachbegrünungsarten und ihre Kosten

Material	Menge/m^2	Materialkosten/m^2
fertige Pflanzen	12–18 Stck.	5–14,– DM
Samenaussaat	25–40 gr	2– 5,– DM
Ausbringung von Sedum-Sprossen	30–50 gr	5– 8,– DM
Vegetationsmatten	flächig oder partiell	25–50,– DM

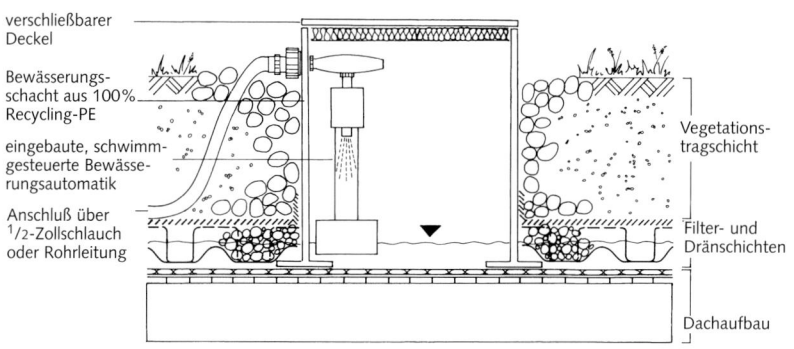

verschließbarer
Deckel

Bewässerungs-
schacht aus 100%
Recycling-PE

eingebaute, schwimm-
gesteuerte Bewässe-
rungsautomatik

Anschluß über
$1/2$-Zollschlauch
oder Rohrleitung

Vegetations-
tragschicht

Filter- und
Dränschichten

Dachaufbau

Der zulässige Wasserdruck beträgt 6 bar, der Mindestfließdruck 1,2 bar. Anstauhöhe: 3–10 cm.

Bewässerungsautomat für eine Dachbegrünung

se zusätzliche Bewässerung eine Zisterne angeschlossen werden, deren Größe von der Dachfläche abhängig ist. Wird das darin gesammelte Regenwasser ausschließlich für das begrünte Dach verwendet, kann die Zisterne eher kleiner ausfallen. In der Regel reichen dann zwei bis drei Kubikmeter Speichervolumen. Nur bei einem kleineren Behälter ist sichergestellt, dass er regelmäßig überlaufen kann und häufiger mit frischem Regenwasser versorgt wird.

Bei der Anschaffung einer Pumpe ist auf den relativ großen Höhenunterschied zwischen Zisterne und Dachoberkante zu achten. Eine Tauchhochdruckpumpe mit ausreichender Fördermenge wird hierbei ihren Zweck erfüllen. Die Pumpenkennlinie, wie sie auf S. 91 ff. näher beschrieben wird, dürfte zur Ermittlung der angemessenen Förderleistung genügend Hilfestellung bieten. Auch hier sollte man

sich für eine detaillierte Planung Rat vom Fachmann holen. Einschlägige Literaturhinweise hierzu sind im Literaturverzeichnis S. 126 angegeben.

Der Gartenteich

Ein Gartenteich in entsprechender Größe eignet sich durchaus als Regenwassersammler. Voraussetzung dafür ist jedoch die Beachtung folgender Punkte: Größe, Tiefe und auch Bauart eines Teiches sowie die Bepflanzung sind die wichtigsten Faktoren, die über die Eignung zur Regenwasserspeicherung und Wasserentnahme entscheiden.

Fertigbecken, unabhängig von Größe und Material, eignen sich hierfür nicht. Sie sind zu klein, und durch die steilen Stehwände verlieren sie bei einer Wasserentnahme jeglichen Charakter eines Gartenteiches.

85

Teichbauweisen aus Naturstoffen, wie Tonelementen, Bentonitmatten oder mit Montmorillonit, sind ebenfalls für diesen Zweck ungeeignet. Sie besitzen zwar eine geeignete Bauweise und Größe, können jedoch infolge der regelmäßigen Wasserentnahme durch Schrumpffrisse in den Randbereichen undicht werden.

Ein Gartenteich in Folienbauweise eignet sich am besten, wobei die Art der Folie keine Rolle spielt. Die Größe ist abhängig vom verfügbaren Platz, doch sollte er mindestens eine Wasseroberfläche von 30 bis 40 Quadratmetern aufweisen. Nur in dieser Größenordnung ist gewährleistet, dass die Randzonen flach ausgebildet werden können, weil gleichzeitig eine Wassertiefe von mindestens 100 bis 150 cm benötigt wird. Bei kleineren Teichen endet dies unweigerlich in Formen mit steilen Böschungen, die optisch unbefriedigend sind und sich kaum kaschieren lassen.

Die Tiefzone ist bei einem Gartenteich, aus dem Wasser entnommen wird, der wichtigste Bereich. Wenn sie groß genug geplant ist, kann problemlos regelmäßig Wasser für die Gartenbewässerung abgezogen werden. Zur Wasserentnahme eignet sich am besten eine einfache Gartenpumpe, mit der über einen Saugschlauch das Wasser aus dem Teich gezogen wird. Wegen Algen und anderen Schmutzpartikeln sollte am Ende des Saugschlauchs ein kleiner Filterkorb mit einem Rückschlagventil angebracht sein. Dieses Ventil verhindert ein Leerlaufen der Pumpe während der Ein-/Aus-Schaltphasen und muss dadurch nicht ständig wieder gefüllt werden. Die Pumpe mit dem Saugschlauch sollte

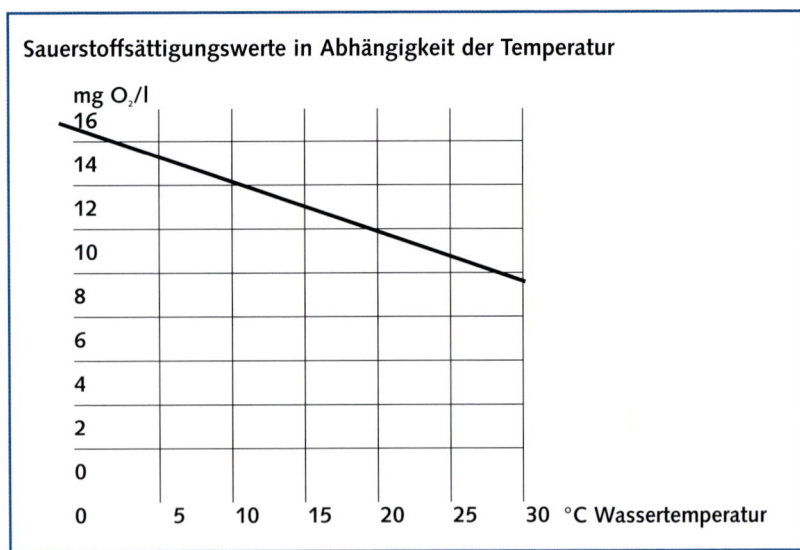

Sauerstoffsättigungswerte in Abhängigkeit der Temperatur

mg O_2/l

Regenwasser im Teich verbessert nicht nur nachhaltig die Wasserqualität, sondern man spart damit auch wertvolles und teures Leitungswasser.

man niemals in die tiefste Stelle des Teiches legen. Im Tiefbereich ist das beste und sauerstoffreichste Wasser; sobald hier abgesaugt wird, leidet die Wasserqualität des Teiches.

Für den Regenwasserzulauf ergeben sich gleich mehrere Möglichkeiten: Am einfachsten ist ein direkter Anschluss vom Fallrohr mit einer Zuleitung, die zum Teich führt. Hierbei können große Mengen Regenwasser in den Teich gelangen und dessen Auffangvermögen weit überfordern. Sollte man sich hierfür entscheiden, muss unbedingt ein starker Überlauf mit einem 100er heißwassertauglichem Rohr (HT) einbaut werden. Es leitet den gelegentlichen Überschuss in das freie Gelände oder gegebenenfalls in einen Kanal ab.

Zu große Regenwassermengen auf einmal können zu einem Säuresturz

führen, was negative Auswirkungen auf die so wichtigen Mikroorganismen im Teich hat. Hat es einmal länger nicht geregnet, werden dabei leider auch der gesamte Staub, Vogelkot sowie andere Schmutzpartikel mit in den Teich gespült. Dies führt sehr schnell zu starken Nährstoffanreicherungen des Teichwassers, die dann eine ideale Grundlage für die Algenbildung darstellen. Eine Mindestanforderung wäre ein Laubabscheider, besser aber noch ein Filtersammler, der vor den Zulauf zum Teich geschaltet wird, um zumindest gröbere Partikel abzuleiten.

Eine wesentlich elegantere Methode ist die Regulierung einer Regenwasserzuleitung über den Überlauf einer im Boden liegenden Zisterne. Hierbei gelangen zwar geringere Mengen Regenwasser in den Teich, doch ist die Gefahr einer starken Nährstoffanrei-

cherung (= Eutrophierung) im Teich geringer. Das Wasser aus der Zisterne mischt sich beim Überlaufen mit dem neu ankommenden Regenwasser; diese Mischung ist weniger stark belastet als frisches Regenwasser. Ein weiterer Vorteil besteht in der direkten Zuleitung des überschüssigen Regenwassers an den Verbraucher.

Eine sehr einfache, aber wirkungsvolle Methode habe ich kürzlich in Nachbars Garten entdeckt. Hier wurde das Regenwasser von einem Garagendach in eine alte Badewanne geleitet, die in einer lauschigen Ecke des Gartens untergebracht ist. An dem Überlauf der Badewanne ist ein flexibler $1^1/_2$-Zoll-Kunststoffschlauch montiert, der mit einem Gefälle von fünf Prozent mit Schlauchschellen am Gartenzaun befestigt wurde und am Teichrand endet. Bei Regen fließt immer nur eine gewisse Menge Wasser in den Teich nach. Wem die alte Badewanne im Garten zu nostalgisch wirkt, der kann dieses System auch mit einer hochgestellten Regentonne nachbauen.

Die Wasserentnahme aus einem Gartenteich führt je nach Menge zu einem stark schwankenden Wasserstand, der unmittelbare Auswirkungen auf die Vegetation im Randbereich hat. Also ist auch hier schon bei der Planung auf den besonderen Verwendungszweck des Teiches Rücksicht zu nehmen. Es kommt hierbei auf die

In dieser nostalgischen Badewanne wird Regenwasser zwischengelagert. Vorgewärmtes Gießwasser ist für Pflanzen angenehmer.

Auswahl der richtigen Pflanzen an. Es gibt durchaus eine ganze Reihe von Teichpflanzen, die einen Wechsel zwischen nass, feucht und trocken auch über einen längeren Zeitraum tolerieren. Eine Wasserpflanze aus der Tiefzone kann derartige Wasserstandsschwankungen jedoch nicht überstehen. Erstreckt sich die Trockenphase im Randbereich über einen zu langen Zeitraum, muss zusätzlich gegossen werden.

Der Einfluss von Regenwasser auf die Qualität des Teichwassers

Einen Teich könnte man mit einem kleinen Chemiewerk vergleichen, das seine Funktion nur aufrecht erhalten kann, wenn alle Faktoren aufeinander abgestimmt sind und möglichst erhalten bleiben. In der Fachliteratur findet man leider sehr unterschiedliche Meinungen über Regenwassereinleitungen in einen Gartenteich.

Der Eintrag von Niederschlägen in das Teichwasser oder die bewusste Regenwassereinleitung – wie im vorangegangenen Kapitel beschrieben – bringt Veränderungen mit sich. Unser Regenwasser besteht bekanntlich nicht aus destilliertem Wasser, sondern beinhaltet eine Vielzahl von chemischen Bestandteilen, die besser nicht im Teichwasser wären. Es besitzt oft einen niedrigen pH-Wert, der bei stärkeren Einleitungen weiter abgesenkt wird und damit zu fortschreitend saurem Milieu des Teichwassers führt.

Mit der Absenkung des pH-Wertes verändert sich gleichzeitig die Karbonhärte des Wassers. Eine regelmäßige Wasserkontrolle mittels einfach durchzuführender Tests sollte daher selbstverständlich sein. Die Wassertests werden mit Chemikalien durchgeführt, da sie in ihrer Handhabung sehr einfach sind und recht genaue Ergebnisse liefern. Hierbei werden die Chemikalien tropfenweise den Wasserproben zugegeben, die daraufhin mit Farbveränderungen reagieren. Anhand von beigefügten Farbskalen lassen sich die Werte dann ableiten. Meist sind dazu noch Empfehlungen ausgesprochen, wie bei welchem Problem zu reagieren ist. Man kann sie als Einzeltest oder als komplette Testserie in Gartencentern oder Zoofachgeschäften kaufen.

Sowohl der pH-Wert als auch die Karbonhärte des Teichwassers können gegebenenfalls mit geeigneten Präparaten wieder auf ihren Sollwert gebracht werden. Die Karbonhärte des Teichwassers sollte zwischen 5 bis 7 liegen, der ideale pH-Wert ist 6,5. Die als Kohlendioxid gebundenen Karbonate im Teichwasser wirken wie ein Puffer und halten den pH-Wert stabil. Sinkt der pH-Wert unter 5, sind Schädigungen an Pflanzen und Tieren unvermeidlich. Außerdem verändert sich dann das Ammonium-/Ammoniak-Verhältnis, was sich vor allem auf Fische negativ auswirkt.

Nun könnte man leicht der Meinung sein, es wäre besser, überhaupt kein Regenwasser in den Teich einzuleiten. Regenwasser ist und bleibt die bequemste und preiswerteste Art, einen Teich mit Frischwasser zu versorgen. Im Sommer verliert ein Gartenteich durch Verdunstung viele Liter Wasser, und falls der Teich als Wasserentnahmestelle verwendet wird, muss er in jedem Fall wieder nachgefüllt

werden. Wenn also eine regelmäßige Teichwasserkontrolle hinsichtlich des pH-Wertes und der Karbonhärte durchgeführt wird, ist die Einleitung von Regenwasser in den Teich recht unbedenklich. Lediglich eine Einschränkung sollte man bei Regenwasser machen: Sobald es über Kupferdächer, andere Buntmetalldächer oder -fallrohre geleitet wird, sollte es nicht in den Teich gelangen. Entstehende Oxide werden mit in den Teich geschwemmt, wo sie sich sehr giftig auf Pflanzen und Tiere auswirken.

Einen Bachlauf oder Wasserfall mit Regenwasser speisen

Ein künstlicher Bachlauf oder Wasserfall am Gartenteich ist meistens zu kurz und zu schmal, um darin Regenwasser zu sammeln, aber er lässt sich damit betreiben. Man benötigt lediglich das passende Gelände dafür, das mit Gefälle oder terrassiert verlaufen sollte. Der Wasserspeicher für eine derartige Anlage sitzt am besten unterhalb des Teiches im Boden vergraben. Er sollte ein Speichervolumen von vier bis fünf Kubikmeter haben. Zum Betreiben wird ein Anschluss an das Regenwasserfallrohr vom Dach benötigt, ein Anschluss vom Teich sowie ein Überlauf der Zisterne, der im freien Gelände oder einer Versickerung endet.

Die Bachlaufzisterne muss so im Boden eingelassen sein, dass sie jederzeit kontrollierbar ist. In ihrem Inneren wird die Pumpe installiert, die den Kreislauf betreiben soll. Sie saugt das Wasser aus der Zisterne an, drückt es über einen Schlauch auf den Wasserfall oder in den Bachlauf, wo es in den Teich läuft und über dessen Überlauf wieder in die Zisterne gelangt. An dieser Pumpe sollte unbedingt ein Trockenlaufschutz installiert sein, damit bei einem eventuellen Wassermangel die Pumpe automatisch abgestellt wird.

Zum Betreiben eines Bachlaufs oder Wasserfalls sind spezielle Teichpumpen auf dem Markt, die sich in ihrer Leistung erheblich voneinander unterscheiden. So genannte **Magnetkernpumpen** sind mit ihrer Leistung dafür zu schwach. Geeignet sind **Teichpumpen mit einem Asynchronmotor**; sie arbeiten bei einer hohen Fördermenge mit geringem Druck. Unabhängig von ihrer Leistung können sie direkt im Wasser oder außerhalb aufgestellt werden. Sobald sie außerhalb des Wasserspeichers betrieben werden, müssen sie unterhalb des Teichniveaus liegen.

Ein künstlicher Bachlauf kann ebenfalls über eine Regenwasserzisterne gespeist werden.

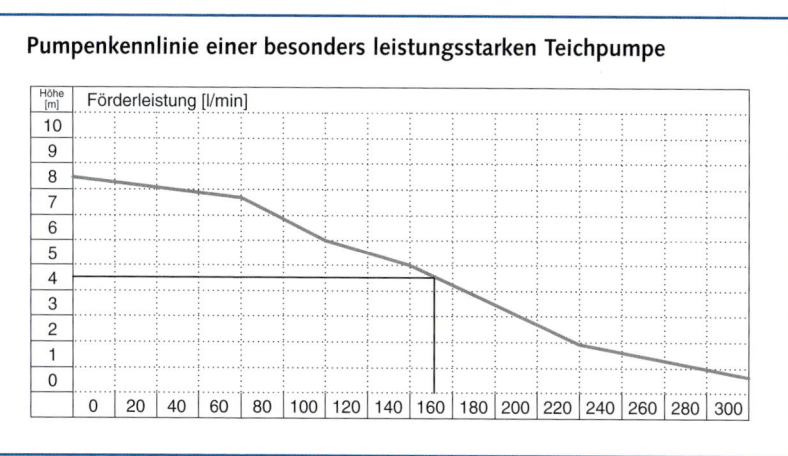

Pumpenkennlinie einer besonders leistungsstarken Teichpumpe

Beispiel: Eine Teichpumpe mit einer Förderleistung von 300 l/min (Höhe 0 m) fördert bei einem Höhenunterschied von 4 m noch etwa 160 Liter Wasser pro Minute.

Jeder hat sicherlich bestimmte Vorstellungen, wie er den Wasserfall oder Bachlauf betreiben möchte und wie viel Wasser letztlich bewegt werden soll. Nichts ist enttäuschender als ein kläglicher Rinnsal; ob dem so ist, hängt alleine von der Anschaffung der richtigen Pumpe ab.

Ein ausreichender Wasseraustritt ist dann gewährleistet, wenn mindestens 1,5 Liter Wasser pro Zentimeter Bachlauf- oder Wasserfallbreite während einer Minute an die Oberfläche gepumpt werden können. Wenn ein Bachlauf über einen Sprudelstein betrieben werden soll, muss die Höhe des Steins noch hinzugerechnet werden. Pro Zentimeter Stein rechnet man mit einem Liter Wasser pro Minute. Der Höhenunterschied von Pumpe bis zum Wasseraustritt eines Wasserfalls oder Bachlaufs rechnet ab

man Oberkante Wasserspiegel im Wasserspeicher, die Eintauchtiefe der Teichpumpe wird nicht mitberechnet.

Die Angaben von Literleistungen bei Teichpumpen beziehen sich fast immer auf Liter pro Minute und drücken deren Höchstleistung aus. Da Teichpumpen mit zunehmender Förderhöhe stark an Leistung verlieren, sollte bei der Ermittlung der geeigneten Pumpe die unten abgebildete Tabelle zu Rate gezogen werden. Wenn über die vorhandene Bachlaufbreite und die gewünschte Förderhöhe die benötigte Fördermenge ermittelt ist, gleicht man sie mit der Kennlinie einer Teichpumpe ab und kann so genau bestimmen, welche Pumpe die richtige ist (siehe S. 91). Pumpenkennlinien sind auf den Verpackungen oder Gerätebeschreibungen abgedruckt, gegebenenfalls müssen sie vom Hersteller angefordert werden.

Höhe [cm]	Förderleistung [l/min]					
300	105	120	135	150	165	185
250	95	110	125	140	155	170
200	85	100	115	130	145	160
150	75	90	105	120	135	150
100	70	85	100	115	130	145
50	65	80	95	110	125	140
	40	50	60	70	80	90
	Bachlauf-/Wasserfallbreite [cm]					

● Berechnung der Pumpenförderleistung für einen Bachlauf oder Wasserfall

Bei einer Wasserfallhöhe von 200 cm und einer Breite von 60 cm wird eine Förderleistung von 115 Litern pro Minute benötigt.

Ein sehr großer Teich, der in einer Baumschule für die Bewässerung verwendet wird. Gespeist wir er mit Regenwasser und einem aufwändigen Rücklaufsystem.

Anstau eines natürlichen Bachlaufs

Viele Grundstücke grenzen an Bachläufe oder kleinen Flussläufe, die periodisch mit mehr oder weniger Regenwasser gefüllt sind und geradezu zu einer Wasserentnahme einladen. Noch reizvoller wäre es, so einen kleinen Bach einfach leicht anzustauen oder ihn über einen kleinen Umweg einfach durch das eigene Grundstück oder den Gartenteich fließen zu lassen.

Wasser aus Bächen und Flüssen darf nur unter bestimmten Voraussetzungen entnommen werden, alles andere hingegen ist genehmigungspflichtig und wird erfahrungsgemäß sehr selten bewilligt. Die Wasserentnahme ist gesetzlich geregelt und beschränkt sich lediglich auf das „Schöpfen von Wasser". Der Einsatz von Pumpen ist also nicht zulässig.

Maßgebend ist hierfür das Wasserhaushaltsgesetz (WHG). Das Wasserhaushaltsgesetz ist ein Bundesgesetz und kann jederzeit im Wasserwirtschaftsamt eingesehen werden. Wie man hier nachlesen kann, lässt das Wasserhaushaltsgesetz einem privaten Nutzer sehr wenig Spielraum. Wenn es auch noch so verlockend erscheinen mag, sollten Veränderungen an einem Bachlauf oder Wasserentnahme daher unbedingt mit dem zuständigen Wasserwirtschaftsamt abgesprochen werden und erst in die Tat umgesetzt werden, wenn die Behörde eine Erlaubnis oder Bewilligung dazu erteilt hat.

Folienbecken

Im Erwerbsgartenbau, wo vorwiegend mit großen Unterglas- und Freilandflächen gearbeitet wird, ist der Einsatz von gesammeltem Regenwasser seit langem üblich. Im Gartenbau wird Wasser in zunehmendem Maße ein sehr wichtiges Produktionsmittel. Sinkende Wasserqualität des Brunnenwassers durch seinen sehr hohen Salzgehalt, hohe Karbonhärte sowie die ständig steigenden Leitungswasserpreise haben im Gartenbau zu einem Umdenken geführt. Regenwasser ist kostenlos und für die Pflege von vielen Pflanzen sogar besser als Leitungswasser.

Im norddeutschen Raum befinden sich Deutschlands größte Baumschulen, die heutzutage fast ausschließlich Pflanzen in Containern produzieren. Die Pflanzen stehen dabei auf leicht gewölbten Langbeeten, die mit wasserdichten Folien abgespannt sind. Die etwa 15 m breiten Beete stoßen jeweils an eine offene Wasserrinne, in der das überschüssige Wasser wieder in das Wasserbecken zurücklaufen kann. Bewässert wird mit riesigen Gießwagen oder Anlagen mit einer Überkopfberegnung.

Zu so einer Anlage gehört ein ausgeklügeltes Leitungssystem mit Dränagen, Abläufen, Pumpen und Ventilen. Als Auffangflächen dienen die mit Folien abgedeckten Freilandflächen sowie die großflächigen Gewächshausdächer, auf denen enorme Mengen Regenwasser abgeleitet werden können. Bei einem durchschnittlichen Niederschlag von 800 Millimeter pro

⬤ Folienarten zum Bau eines Folienbeckens	
PVC-Folie (Polyvenylchlorid)	Bahnen von 2, 4, 6, 8 m und Sonderanfertigungen an einem Stück lieferbar, Stärke: 0,5 mm, 0,8 mm, 1,0 mm, 1,5 mm
PE-Folie (Polyethylen)	beliebige Größe in einem Stück lieferbar, sehr reißfest
PE-Folie mit Gewebeeinlage (Polyethylen mit stabilem Bändchen aus Polyethylen hoher Dichte)	fast jede Größe in einem Stück lieferbar, sehr einfach zu verarbeiten
EVA-Folie (Ethylvenylacetat)	in einem Stück lieferbar, auch bei Kälte verlegbar
Kautschuk (Butylfolie)	eine der haltbarsten Folien, sehr dick und teuer
EPDM (Synthetischer Kautschuk)	in fast allen Größen lieferbar, Folienstärke 1 mm, für besonders große Anlagen
Gewebeverstäkte Polyolefine	Schwimmbadfolie, 1,2 mm stark, mit Polyestervlies verstärkt

Quadratmeter ergibt dies eine theoretische Regenwasserernte von 800 Kubikmeter pro Jahr und Hektar. Entsprechend groß müssen dafür die Auffangbecken geplant sein. Fast alle Gartenbaubetriebe verfügen entsprechend ihrer Größe gleich über mehrere großvolumige Speicheranlagen, wobei Fassungsvermögen von 5 000 bis 10 000 Kubikmeter dabei nicht selten sind.

Die Regenwasserspeicherung in Folienbauweise könnte bei kleineren und mittleren Industriebetrieben durchaus sinnvoll werden, wenn das gespeicherte Wasser als Löschteich oder zur Bewässerung von Gartenanlagen verwendet wird. Zu beachten ist übrigens, dass alle Wasserspeichersysteme mit mehr als 50 Kubikmeter Inhalt genehmigungspflichtig sind. Auf frei zugänglichen Geländen sind derartige Speichersysteme mit einem Zaun mit einer Mindesthöhe von 1,60 m hinreichend abzusichern.

Der Flächenbedarf eines Folienbeckens richtet sich nach dem gewünschten Speichervolumen. In den Anfängen wurden diese Becken selten tiefer als zwei Meter geplant. Durch den Einsatz neuer Folien, verbesserten Baumöglichkeiten und dem nötigen Know-how werden heute Folienbecken mit einer Tiefe bis zu sechs Metern gebaut. Die immensen Erdmassen, die beim Aushub einer solchen Anlage anfallen, wurden früher sehr kostenträchtig abgefahren; heute geht man dazu über, den Aushub als Wall aufzuschütten. Wallneigungen mit bis zu 60 Prozent sind keine Seltenheit, sofern sie von Fachfirmen ausgeführt werden. Durch die neue Bauart wird

der Flächenaufwand für eine Folienbecken ganz erheblich minimiert.

Beim Bau eines Folienspeichers bereitet der Aushub die Hauptarbeit. Er wird mit Maschinen durchgeführt, die durch eine lasergesteuerte Technik unterstützt werden. Der Untergrund, die Teichwände und seitliche Aufschüttungen müssen sehr sorgfältig verdichtet werden, damit sie sich später nicht setzen können. Je nach Bodenbeschaffenheit ist es günstig, vor dem Einbau der Folie den Untergrund mit einer zwei bis drei Zentimeter dicken Sandschicht auszukleiden, um die Teichfolie vor Verletzungen durch scharfkantige Steine zu schützen. In jedem Fall sollte der Boden der Teichanlage ein bis zwei Prozent Gefälle nach allen Seiten haben. Mit einer Mulde an der tiefsten Stelle, deren Größe von den Ausmaßen der Anlage abhängig ist, kann der Teich nach Ablassen des Wassers besser gereinigt werden.

Das Verlegen der Teichfolie ist auch wesentlich einfacher geworden. Wo früher größere Folienbahnen aufwändig im Teich zusammengeschweißt werden mussten, können heute moderne Folien an einem Stück als Wunschmaß geliefert und verlegt werden. Hierdurch wird wertvolle Arbeitszeit eingespart, und das macht die Anlage kostengünstiger. Hinzu kommt noch, dass der Unsicherheitsfaktor durch handgefertigte Schweißnähte entfällt. Bei großen Folienteichen hat die an einem Stück gelieferte Folie allerdings ein nicht unerhebliches Gewicht.

Zum Verlegen werden ein möglichst windstiller Tag und viele fleißige Hände gebraucht. Sobald die Folie ausgebreitet ist, wird sie an einem Stück in das Teichbett gezogen, geglättet und sofort im Randbereich eingegraben. Zu- und Abflussanschlüsse werden bei modernen Folien direkt durch das Material geführt, wo sie miteinander verschweißt werden können.

Auf dem Markt gibt es verschiedene Arten von Folien, die sich für den Bau einer solchen Speicheranlage verwenden lassen. Sie unterscheiden sich jedoch sehr stark in ihrer Haltbarkeit, ihrem Preis und vor allem in ihrem Verhalten bei der Verarbeitung. Die zwei bekanntesten Folienarten bestehen aus Polyethylen (PE) und Polyvenylchlorid (PVC).

Um die Qualität des Regenwassers in einem derart großen Speicher zu erhalten, ist eine Filterung des einfließenden Regenwassers sowie des rücklaufenden Wassers aus den Kulturflächen unerlässlich. Dies erfolgt meistens über im Boden eingelassene Filter, die aus großen Kiespackungen bestehen. Im Erwerbsgartenbau werden zudem schwimmende Geräte eingesetzt, die das stehende Wasser in einem Arbeitsgang belüften, rühren und umwälzen. Hierdurch kann es zu einem Sauerstoffeintrag bis zur Sättigung (16 Milligramm pro Liter) kommen. Gleichzeitig bleibt der pH-Wert stabil. Durch die ständige Umwälzung wird die Algenbildung stark vermindert.

Kleinflächigere Anlagen mit ihrem mehr oder weniger stehenden Wasser erwärmen sich im Sommer stark und leiden zunehmend unter Sauerstoffmangel, wodurch die Wasserqualität stark beeinträchtigt wird. Verbrauchter Sauerstoff kann nur durch Eintrag von Luftsauerstoff oder durch die Photosynthese der Pflanzen ersetzt werden. Da in derartigen Becken aber fast keine Pflanzen sind, verringert sich bei hohen Außentemperaturen und gleichzeitig steigender Wassertemperatur der Sauerstoffgehalt dramatisch (siehe Abb. S. 86). Die Folge ist, dass der Teich umkippt und sein Inhalt sich innerhalb kürzester Zeit in eine stinkende Brühe umwandelt. Abhilfe schafft eine Belüftung über eine Schaumdüse, die mit einer einfachen Springbrunnenpumpe betrieben wird.

Regenwasserversickung

Bei den kommunalen Wasserwirtschaftsunternehmen wird die Regenwasserversickerung noch nicht im großen Maßstab angewendet, obwohl sie sich unter ökologischen Gesichtspunkten günstig auf den Wasserhaushalt auswirken würde. Mit Hilfe der Regenwasserversickerung lassen sich außerdem noch die Kosten der Abwassergebühren und der Versiegelungssteuern senken.

Im Gegensatz zur Bodenentsiegelung, wie sie auf S. 19 ff. beschrieben wurde, unterliegen großflächige Versickerungsanlagen auch auf Privatgrundstücken einer behördlichen Genehmigungspflicht. Diese ist eng an ein geologisches Gutachten sowie an die Auflagen von Wasserschutzgebieten geknüpft. Ob eine derartige Genehmigung erteilt wird, hängt nicht nur von den Bodenverhältnissen des eigenen Grundstücks ab, sondern in erster Linie von den geologischen Bedingungen des Umfelds. Rein rechtlich gesehen ist die Regenwasserversickerung nichts anderes als die Einleitung von flüssigen Stoffen in das Grundwasser.

Für die Dimensionierung einer Versickerungsanlage ist neben geologischen Ermittlungen der Bemessungsniederschlag abhängig. Dieser Wert drückt die Niederschlagsmenge eines 15-minütigen Regengusses in Litern pro Sekunde und Hektar aus, der statistisch einmal pro Jahr überschritten wird. Innerhalb Deutschlands ergeben sich zwischen Nord und Süd Schwankungen zwischen 95 und 200 Liter pro Hektar.

Durch die Versickerung von Regenwasser braucht das Kanalisationssystem nur die Schmutzwasserfracht abführen. Dadurch entfallen die bekannten Überlastungsprobleme der Kanalisation bei starkem Regen. Es ergeben sich gleichzeitig weitere Anschlussmöglichkeiten und somit eine effektivere Nutzung des Kanalsystems. Es ist erwiesen, dass durch Versicke-rungsflächen insbesondere in kleineren Einzugsgebieten lokal eine merkliche Dämpfung der Hochwasserwellen erreicht wird.

Es gibt mehrere Möglichkeiten der Regenwasserversickerung, die nachfolgend näher erläutert werden.

Die Muldenversickerung

Die einfachste und kostengünstigste Art ist die Muldenversickerung. Diese besteht aus einer einfachen Mulde auf dem Grundstück, deren Anstauhöhe 25 bis 30 cm nicht überschreiten darf. Sinnvoll ist die Versickungsmulde nur auf großen Grundstücken, denn sie sollte etwa 20 Prozent der angeschlossenen versiegelten Flächen ausmachen. Die Böschungen gestaltet man möglichst mit einem Gefälle 1:2 und bringt eine Rasensaatgutmischung auf, dadurch wird die Anlage weniger auffällig. Regenwasser bleibt in der Regel bis zu 15 Stunden in einer Ver-

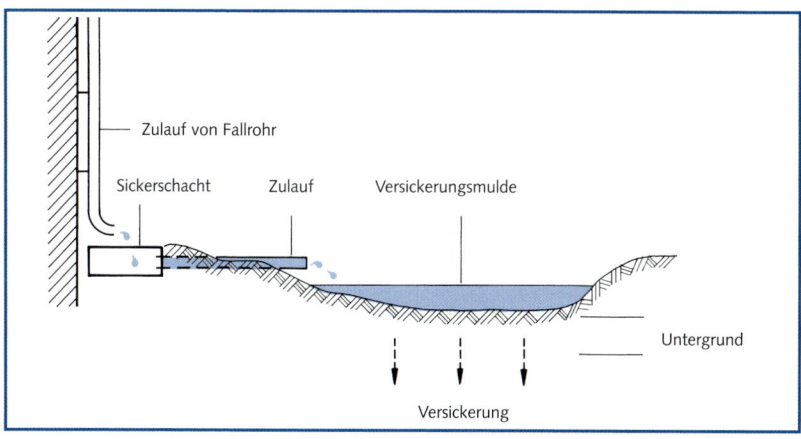

Muldenversickerung

sickerungsmulde stehen, bei stärkeren Regenperioden auch schon mal etwas länger. Wichtig ist die Verwendung von geeignetem Rasensaatgut, denn durch die teils stehende Nässe eignen sich nicht alle Grasarten dafür. Eine Liste geeigneter Rasensamenmischungen ist unten aufgeführt.

Eine Vorfilterung des Regenwassers ist nicht notwendig. Man kann eine Regentonne an das Fallrohr anschließen, deren Überlauf das Regenwasser dann über eine Halbschale oder eine gepflasterte Rinne in die Versickerungsmulde leitet.

Ohne Bemessungsgrundlage macht der Bau einer Muldenversickerung keinen Sinn. Die Größe der Mulde muss entsprechend der anfallenden Regenwassermenge und der Durchlässigkeit des Bodens geplant werden. Die Durchlässigkeit des Bodens kann selbst oder über ein Gutachten ermittelt werden. Wie man es selber machen kann, wurde bereits auf S. 19 ff. beschrieben.

Je geringer die Durchlässigkeit des Bodens ist, desto größer fällt die Fläche der Mulde aus. Man berechnet die Muldengröße für sein Grundstück, indem man die tatsächlich zu entwässernde Fläche mit der Bemessungsgrundlage einer 100 m²-Fläche mit normaler Versickerungsfähigkeit in Beziehung setzt. Beispiel:

$$15\ m^2 : 100\ m^2 \times 160\ m^2 = 24\ m^2$$

Bemessungsgrundlage bei mittlerer Bodendurchlässigkeit × reale Flächengröße = Muldengröße

Für eine an die Muldenversickerung angeschlossene Fläche von 160 Quadratmetern rechnet man je nach Bodendurchlässigkeit zwischen 20 bis 30 Quadratmeter.

Beim Aushub fallen unter Umständen beträchtliche Mengen Erde an. Mutterboden und Unterboden sollten von vornherein getrennt werden, man benötigt ersteren später für die Aussaat der Rasenspezialmischung.

Landschaftsrasen – Feuchtlagen RSM 7.3

5,0 %	Agrostis capillaris 'Highland'
5,0 %	Agrostis stolonifera 'Penncross'
15,0 %	Festuca ovina duriuscula 'Bornito'
25,0 %	Festuca nigrescens 'Frida'
10,0 %	Festuca trichophylla 'Mocassin'
15,0 %	Lolium perenne 'Admiral'
5,0 %	Poa tivialis 'Dasas'

20 Gramm / m²

Sickerrasen Hesa M 340

5,0 %	Agrostis capillaris 'Highland'
30,0 %	Festuca ovina duriuscula 'Bornito'
5,0 %	Poa nemoralis 'Enhary'
15,0 %	Festuca rubra commutata 'Aida'
20,0 %	Festuca rubra rubra 'Reverent'
10,0 %	Lolium perenne 'Rival'
10,0 %	Poa compressa
5,0 %	Poa pratensis 'Broadway'

25 Gramm / m²

Die Schachtversickerung

Bei undurchlässigem Oberboden kann über eine **Schachtanlage** Regenwasser versickert werden. Eine Genehmigung hierfür setzt einen niedrigen Grundwasserstand voraus, der mindestens 150 cm unterhalb der Bodenplatte des Schachtes liegen muss. Der Schacht besteht entweder aus einzelnen, gelöcherten Brunnenringen oder einer monolithischen Zisterne mit entsprechenden Durchbrüchen. Der Schacht selbst wird in ein Geotexvlies eingepackt, was das Eindringen von feinen Schmutzteilen verhindert. Anstatt einer Verfüllung mit Erde sitzt der Schacht in einer Schotterpackung. Von hier aus versickert das angesammelte Wasser. Da das Regenwasser in dieser Zisterne nicht weiter verwendet wird, sondern ins umgebende Erdreich sickert, ist eine präzise Vorfilterung nicht notwendig. Dafür muss die Bodenfläche des Schachtes ein- bis zweimal pro Jahr von groben Schmutzanteilen befreit werden.

Die Rohr-Rigolenversickerung

Bei sehr langen Grundstücken hat sich die **Rohr-Rigolenversickerung** bewährt. Man verwendet ein mehrfach geschlitztes Rohr, das einem Dränagerohr ähnelt, dabei aber stabiler ist und einen größeren Durchmesser hat. Die Verlegetiefe muss bis in den durchlässigen Untergrund reichen, jedoch mindestens 150 cm über dem Grundwasserspiegel liegen.

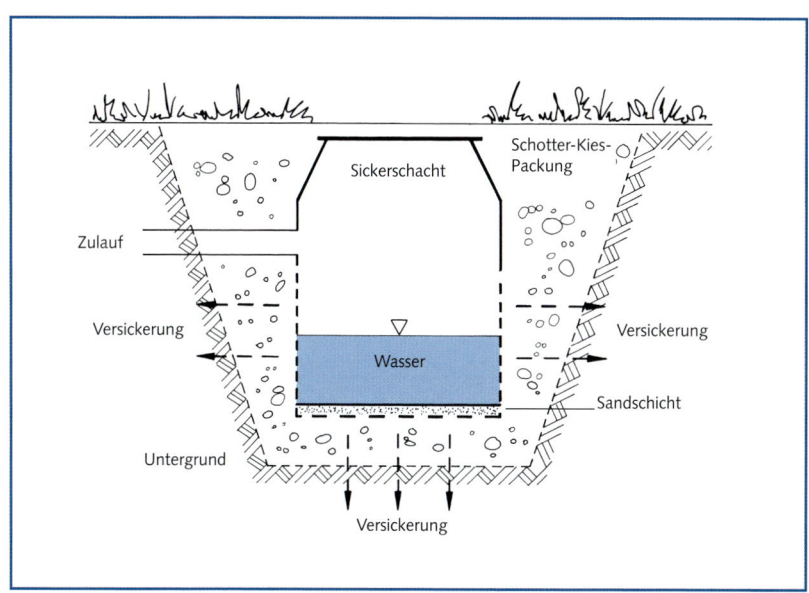

Schachtversickerung

Das Rohr wird mit 100 cm breiten und tiefen Graben mit Schotterpackung gelegt. Die Schotterpackung wird mit einem rundum liegenden Geotexvlies gegen Verschlämmung durch feine Bodenteilchen geschützt. Der Graben wird anschließend wieder mit Erde beziehungsweise Mutterboden verfüllt, wodurch das Grundstück sein ursprüngliches Erscheinungsbild wieder erhält. In dem Rohr, das am Ende mit einem Blindstopfen versehen ist, wird das Regenwasser bei starken Regenfällen zwischengespeichert und dann über die Schotterpackung allmählich an den Untergrund abgegeben.

Beim Verlegen sollte man darauf achten, dass die Versickerungsrigole ein leichtes Gefälle von ein bis zwei Prozent hat; ohne Gefälle oder mit leichtem Anstieg würde eine Rigole weitgehend unwirksam sein. Um einer vorzeitigen Verschmutzung oder gar Verstopfung vorzubeugen, sollte eine Rigolenversickerung unbedingt an eine Vorfilterung hinter dem Fallrohr angeschlossen sein. Im einfachsten Fall würde hier ein selbst gebauter Kiesfilter mit einem Schlammfang reichen. Auch ein Gully mit entsprechendem Filtereinsatz erfüllt seinen Zweck.

Die Fläche über einer Rigolenversickerung kann später durchaus genutzt werden, beispielsweise durch die Ansaat einer Rasenfläche. Nicht geeignet sind Bepflanzungen mit Bäumen und Sträuchern, da die Wurzeln innerhalb kürzester Zeit die Funktion dieser Anlage beeinträchtigen würden. Rigolen-Versickerungsanlagen eignen sich auch unter Gehwegen oder Stellplätzen, die mit wasserdurchlässigen Belägen versehen sind. Auch für die Rigolenentwässerung gibt es eine Bemessungsgrundlage, mit deren Hilfe die richtige Länge der Rigole ermittelt werden kann. Bei

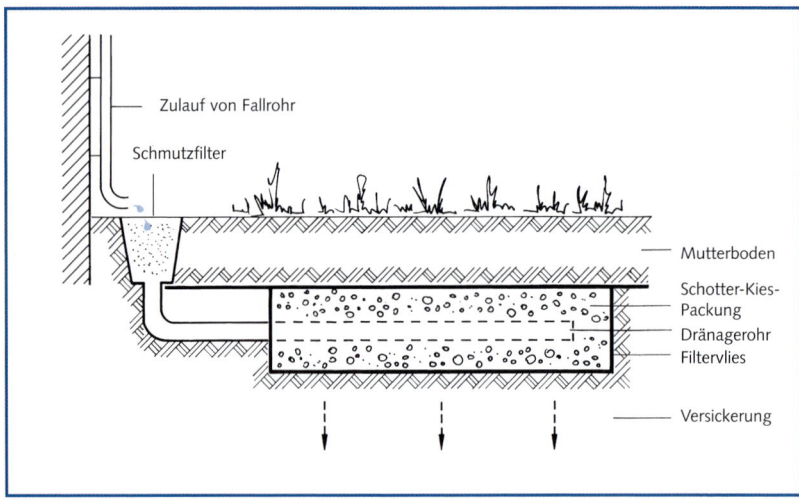

Zulauf von Fallrohr

Schmutzfilter

Mutterboden

Schotter-Kies-Packung

Dränagerohr

Filtervlies

Versickerung

Rohr-Rigolenversickerung

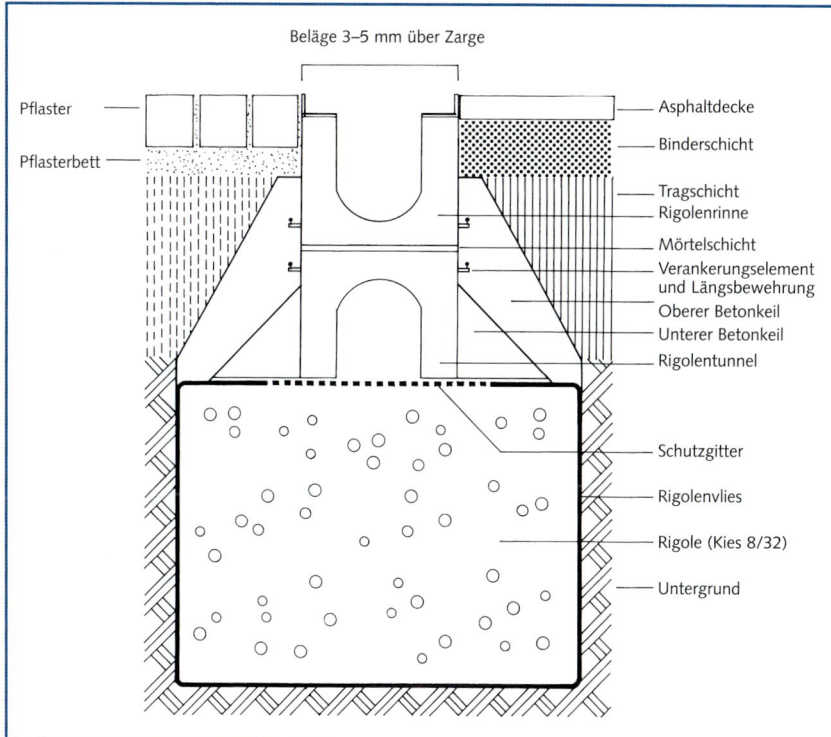

Entwässerungsrigole zwischen zwei verschiedenen Wegebelägen

guter Wasserdurchlässigkeit des Bodens rechnet man pro 100 m² zu entwässernder Fläche mit einer Rohrlänge von 5 m, bei mittleren Werten mit 6 bis 7 m und bei weniger günstigen Werten mit 7 bis 8 m. Bei mittlerer Bodendurchlässigkeit lautet die Formel für die Rigolenlänge mit den Werten unseres vorherigen Beispiels:

6 m : 100 m² × 160 m²

Entwässerungsfläche = 9,6 m Rigolenlänge

Für große versiegelte Flächen hat ein namhafter Hersteller von Entwässerungssystemen eine Rigole entwickelt, die aus zwei U-förmig übereinander liegenden Betonfertigteilen einschließlich einer Abdeckung geformt ist. Diese Art der Rigolenentwässerung darf auf allen Flächen angewendet werden, auf denen mit nicht wassergefährdeten Stoffen umgegangen wird. Länge und Größe solch einer Rigole richten sich nach der Durchlässigkeit des Bodens und der Beschaffenheit

Rigolenschläuche sind ähnlich wie Dräna- gechläuche aufgebaut. Sie sind aber di- cker und verfügen über ein anderes Schlitzsytem.

Der hier abgebildete Schacht gehört zu ei- nem Rigolensystem. Er wird zur Erleichte- rung der Wartungsarbeiten an der Rigole eingebaut.

der zu entwässernden Fläche. Einsetzbar ist das System auf allen Böden, deren Durchlässigkeitsbeiwert k zwischen $1 \cdot 10^{-5}$ bis $5 \cdot 10^{-3}$ Meter pro Sekunde liegen. Die doppelte Rigole liegt auf der Schotterpackung auf und wird beidseitig mit einem Betonfundament fixiert. Der obere Rost ist auf Höhe der Pflasterung oder Asphaltdecke eingelassen. Die Zeichnung auf S. 101 verdeutlicht den Aufbau.

Tipps und Tricks rund um Zisternen

Anforderungen an den problemlosen Betrieb einer häuslichen Regenwasseranlage

- Regenwasser sollte nicht von asbesthaltigen Dachflächen gesammelt werden.
- Regenwasser von Verkehrsflächen eignet sich nur bedingt und sollte daher für die Nutzung im Haus nicht eingesetzt werden.
- Nur Bauteile einschließlich Zubehör aus dauerhaftem, rostfreiem Material verwenden. Verzinkte Materialien neigen zur unerwünschten Oxidation.
- Kunststoffzisternen, mit Ausnahme der glasfaserverstärkten Kunststoffe, sollten möglichst bis zum maximalen Füllstand aus einem Teil bestehen.
- Ein richtig dimensioniertes Speichervolumen beträgt etwa sechs Prozent des jährlichen Regenertrags. Ein mehrmaliges Überlaufen pro Jahr ist sehr wichtig.
- Regenwasser sollte möglichst kühl, vor allem aber lichtgeschützt gelagert werden.
- Die Zisterne muss so eingebaut werden, dass kein ungefiltertes Oberflächenwasser zulaufen kann. Kanalrückstau muss ausgeschlossen sein.
- Ein Überlauf mit Geruchsstopp und Kleintierschutz ist unabdingbar, hierfür sind spezielle Zubehörteile auf dem Markt. Selbst gebaute Überläufe aus Kanal- und Grundleitungs-Rohrteilen sind ungeeignet.
- In Gebieten mit einem hohen Grundwasserstand müssen geeignete Zisternen eingesetzt und diese zusätzlich vor Auftrieb gesichert werden.
- Für die Filterung des Regenwassers sollten nur drucklos arbeitende Filteraggregate eingesetzt werden, die keinen Schmutz ansammeln, sondern diesen direkt weiterleiten.
- Die Dachentwässerung muss auch gewährleistet sein, wenn einmal eine Störung an der Regenwasseranlage auftritt (DIN 1986).
- Nur sehr hochwertige Hauswasserstationen oder mehrstufige Pumpen aus rostfreiem Material einsetzen.
- Regenwasser-Druckleitungen nur aus Kunststoff oder Edelstahl verwenden. Bei Kupfer entsteht schnell Lochfraß, da Regenwasser aggressiv ist.
- Keine Feinfilter in der Ansaug- und Druckleitung anschließen. Durch Verstopfung kann es hier zu Schäden an der Pumpe kommen.
- Keine direkte Verbindung zwischen Trinkwasser und Regenwasserleitung herstellen. Die DIN 1988 schreibt eine dauerhafte Kennzeichnung der Rohrleitung sowie der Zapfstellen vor.

Sicherheitsmaßnahmen bei Wartungsarbeiten an einer Zisterne

Je besser die Filterung des gesammelten Regenwassers ist, desto geringer werden die Wartungsgänge an einer Zisterne sein. Trotzdem wird man nicht umhin kommen, wenigstens alle zwei Jahre einmal in die Zisterne zu steigen, um nach dem Rechten zu schauen. Hierbei sollte man nicht leichtsinnig handeln.

Bevor jemand in die Zisterne steigt, sind unbedingt alle elektrischen Zuleitungen abzustellen. Vor dem Einstieg muss der am Kanal angeschlossene Überlauf mit Wasser gefüllt werden, falls dieser gerade einmal leer ist. Nur so kann der Eintritt von Faulgasen aus dem Kanal unterbunden werden.

Für den Einstieg sollte man immer eine Leiter verwenden. Die Berufsgenossenschaft schreibt zwingend vor, dass die einsteigende Person von einer zweiten, außerhalb stehenden Person mit einem Seil oder Geschirr zu sichern ist. Das Risiko, gesundheitliche Schäden oder gar schlimmeres durch Sauerstoffmangel oder den Eintritt von Kanalgasen zu erleiden, sollte man in einem Erdspeicher bitte nicht unterschätzen.

Nach Abschluss der Wartungsarbeiten sollte der Zisterendeckel wieder kindersicher verschlossen werden.

Ermittlung der geeigneten Zisternengröße

Nachdem bisher die verschiedenartigsten Varianten der Regenwasserspeicherung und deren Nutzungsmöglichkeiten vorgestellt wurden, soll nun auf den individuellen Zuschnitt für eine maßgeschneiderte Anlage eingegangen werden.

Die Auslegung einer Regenwasser-Nutzungsanlage sollte immer anhand einer Planungsliste erstellt werden. Hierzu gibt es von Firmen, die der Fachvereinigung Betriebs- und Regenwassernutzung e. V. (FBR) angeschlossen sind, einfache Softwareprogramme, die die Planung ganz wesentlich vereinfachen (siehe Firma Energie Quelle GmbH & Co. KG, S. 123). Bei den technisch teils sehr ausgefeilten Anlagen sind die Zeiten der Hobbybastlerei vorbei, man muss einen Fachbetrieb für die Feininstallation heranziehen. Die Kriterien zur Auslegung einer Regenwasseranlagen sind dennoch immer die gleichen.

Zur Ermittlung der geeigneten Tankgröße ist zunächst einmal die jährliche Niederschlagsmenge in dem betreffenden Gebiet maßgebend. In Deutschland gehen, wie eingangs schon erwähnt, sehr unterschiedliche Niederschlagsmengen nieder, die von weniger als 400 mm bis zu mehr als 1500 mm schwanken. Diese Größe kann bei den zuständigen Wetterämtern erfragt werden. In der Fachliteratur sowie in vielen Prospekten zum Thema Regenwassernutzung sind Niederschlagskarten abgedruckt, aus denen die Regenmassen abgeleitet werden können (siehe Karte S. 9).

Wie viel Regenwasser pro Jahr aufgefangen werden kann, hängt zudem noch von anderen Faktoren ab und wird über eine einfache Formel ermittelt. Die Auffangfläche ist fast aus-

---

✅ Planungsliste zur Dimensionierung einer Regenwasser-Nutzungsanalge

Regenauffangfläche
- ⃝ m² Grundfläche des Hauses mit Dachüberstand
- ⃝ m Gebäudehöhe
- ⃝ Grad Dachneigung

Gebäudetyp
- ⃝ Einfamilienhaus
- ⃝ Mehrfamilienhaus
- ⃝ Schule
- ⃝ Fabrikgebäude
- ⃝ Sonstiges

Dachtyp
- ⃝ Flachdach
- ⃝ Steildach
- ⃝ Walmdach
- ⃝ Satteldach
- ⃝ Gründach

Dachmaterial
- ⃝ Ziegel, Schiefer
- ⃝ Kiesdach
- ⃝ Bepflanztes Dach
- ⃝ Metalldach
- ⃝ Bitumenfläche

Regenwasserbedarf
- ⃝ Personenanzahl
- ⃝ Anzahl Toilettenspülkästen
- ⃝ Druckspüler
- ⃝ Waschmaschine Anzahl
- ⃝ m² Gartenbewässerung (intensiv genutzte Fläche)

Fallrohre
- ⃝ Anzahl

Material
- ⃝ Zink
- ⃝ Kupfer
- ⃝ Kunststoff

Bauliche Voraussetzung
- ⃝ Neubau
- ⃝ nachträglicher Einbau

Aufstellungsort
- ⃝ im Haus
- ⃝ im Erdreich

Material der Zisterne
- ⃝ Kunststoffzisterne
- ⃝ GFK-Zisterne
- ⃝ Betonzisterne
- ⃝ monolithische Betonzisterne

---

schließlich das Dach, dessen Größe sich einfach feststellen lässt. In die gebietsabhängige Niederschlagshöhe muss der Verlustfaktor (Abflussbeiwert) noch mit eingerechnet werden.

Drei unterschiedliche Abflussbeiwerte von Dächern:
Ziegeldach 0,75
Kiesdach 0,6
Metalldach 0,9.

Berechnungsformel:
Auffangfläche [m²] × Niederschlagsmenge[l/ha] × Abflussbeiwert × Ladebeiwert
$$= \textbf{Speichergröße } [m^3]$$

Man muss nun diese ermittelte Speichergröße mit dem Wert des persönlichen Jahreswasserbedarfs in Bezug setzen, um die passende Größe einer Zisterne zu ermitteln. Für die einzelnen Wasserentnahmestellen stehen allgemein gültige Richtwerte zur Verfügung, die sich jeweils auf eine Jahresentnahme in Kubikmeter und die Anzahl der Familienangehörigen beziehen.

Zur Berechnung der Deckungsrate kann man von nachfolgenden statistischen Mittelwerten ausgehen:

Wenn der errechnete Wasserbedarf dem Regenwasserertrag mit einer Abweichung von bis zu 20 Prozent entspricht, multipliziert man den Regenertrag mit dem Ladebeiwert 0,05. Sollte der Wasserbedarf um mehr als 20 Prozent nach oben oder unten vom Regenertrag abweichen, so nimmt man einen Ladebeiwert von 0,03 an. Beide Werte tragen zu einer korrekten Ermittlung der Speichergröße bei.

Zusammengefasst kann man sagen, dass sich die Speichergröße aus den drei Faktoren Wasserbedarf, Regenertrag, Niederschlagsmenge ermittelt. Sie sollte so gewählt werden, dass eine normale Trockenperiode überbrückt werden kann. Laut Angaben von Wetterämtern halten Trockenperioden in unseren Breiten selten länger als 21 Tage an.

Deckungsrate:
Ertrag/Bedarf × 100
    = jährliche Deckungsrate in Prozent

Wenn der Wert des Regenertrags nur wenig vom errechneten Wasserbedarf abweicht, kann in den meisten Fällen mit zumindest 85 Prozent Deckungsrate an Wasservorrat über das Jahr gerechnet werden. Eine Unterdimensionierung führt nur dazu, dass große Mengen Regenwassers über den Überlauf in den Kanal ablaufen. Bei zu großen Zisternen steht das angesammelte Wasser zu lange ab. Eine richtig geplante Zisterne sollte zwei- bis dreimal pro Jahr überlaufen können. Ob der Wasserbedarf dem statistischen Durchschnitt entspricht, kann durch ei-

● Formblatt zur Ermittlung des Wasserbedarfs im Haushalt				
	m³/ Jahr		Personen	m³/Jahr gesamt
Toilettenspülung	8	×	☐	=
Waschmaschine	6	×	☐	=
Putzen	4	×	☐	=
Wasserhahn extern	3	×	☐	=
Gartenbewässerung pro 100 m² Nutzgarten	6	×	☐	=
Summe				Σ =

nen einfachen Vergleich mit dem Gesamt-Wasserverbrauch abgeklärt werden. Dieser Wert liegt gegenwärtig bei 50 Kubikmetern pro Person und Jahr.

Ermittlung einer bedarfsgerechten Pumpe

Welche Pumpe letztlich die richtige ist, hängt in erster Linie davon ab, wie das gesammelte Regenwasser eingesetzt werden soll. Wird das Regenwasser ausschließlich zur Gartenbewässerung und einfachen Reinigungsarbeiten herangezogen, so ist man bereits mit einer einfachen **Gartenpumpe** bestens bedient.

Sollen damit ein Regner oder mehrere Anschlüsse im Garten betrieben werden, so ist eine hochwertige **Tauchpumpe** angebracht.

Sobald das Regenwasser zusätzlich für Toilettenspülung und Waschma-

schine eingesetzt wird, sind **Hauswasserstationen** oder so genannte **Kompakteinheiten** sinnvoll. Beide sind mit unterschiedlichsten Leistungsmerkmalen erhältlich und können bedarfsgerecht installiert werden.

Eine Pumpe wird ihren Anforderungen gerecht, wenn sie genügend

Mit dieser kleinen automatischen Pumpe kann problemlos der Garten bewässert werden.

Druckverluste für Armaturen und andere Bauteile
(Druckverluste in Metern Wassersäule für die jeweiligen Bauteile, die bei der Druckverlust-Berechnung zusammen addiert werden müssen)

Bauteil	Rohrdurchmesser [Zoll]			
	¾	1	1¼	1½
Bogen 90°	2,0 mWs	2,5 mWs	2,5 mWs	3,0 mWs
Winkel 90°	4,0 mWs	4,5 mWs	4,5 mWs	5,5 mWs
Durchgangsventil	4,0 mWs	6,0 mWs	7,0 mWs	10,0 mWs
Rückflussverhinderer	1,5 mWs	2,0 mWs	2,0 mWs	2,5 mWs
Saugkorb	1,5 mWs	2,0 mWs	2,5 mWs	3,0 mWs

Wasser mit ausreichendem Druck an einzelne Zapfstellen befördert. Hierbei muss der Höhenunterschied zwischen Speicher und höchster Entnahmestelle überwunden werden. Hinzu kommt der Druckverlust, der durch Reibung in der Saug- und Druckleitung entsteht.

Die Saughöhe einer Pumpe beträgt physikalisch gesehen 10 m. Durch Undichtigkeiten oder Reibungsverluste liegt die tatsächliche Saughöhe aber nur bei etwa 7 bis 8 m. Mit zunehmendem Alter kann sich dieser Wert durch Verschleiß auch noch verringern. Der Druckverlust in Rohrleitungen sollte immer dann ermittelt werden, wenn Zweifel über die Förderleistung der ausgewählten Pumpe

bestehen. Mit dem nachfolgenden Beispiel kann der Rechenvorgang gut erklärt werden, denn für bestimmte Bauteile einer Rohrleitung liegen genaue Werte zugrunde.

So rechnet man bei der Verwendung von einem 1-Zoll-Schlauch für einen 90-Grad-Winkel 4,5 m, für einen Saugkorb 2 m, für einen einfachen Bogen 2,5 m und für ein Durchgangsventil 6 m Rohrleitung.

Wie auf der nebenstehenden Zeichnung zu ersehen ist, beträgt die reale Rohrlänge:

4,5 + 7,5 + 4,8 + 0,70 m	=	17,5 m
1 Saugkorb	=	2,0 m
3 × 90-Grad-Winkel à 4,5 m	=	13,5 m
1 Durchgangsventil	=	6,0 m
Gesamtleitungslänge	**=**	**39,0 m**

Die Förderhöhe ist bei dem Beispiel mit 9,30 m angegeben.

Bei einer angenommenen stündlichen Wassermenge von 4000 Litern ergibt sich ein Druckverlust von 6,0 m Wassersäule für 100 m Rohrlänge bei einer Ein-Zoll-Leitung (siehe Tab. S. 109).

6,0 m Druckverlust × 39,0 m Rohrlänge/100 = **2,34 m** zusätzliche Förderhöhe durch Rohrreibung.

Die bauseits bedingte Förderhöhe in unserem Beispiel beträgt	9,30 m
Förderhöhe durch Rohrreibung ermittelt	2,34 m
Mindestförderhöhe der Pumpe	**11,64 m**

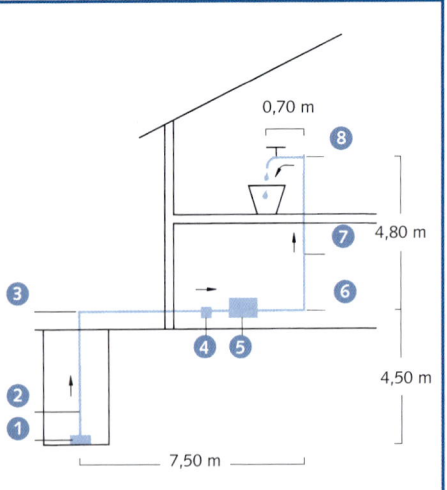

Abbildung zur überschlägigen Berechnung der Förderhöhe einer Pumpe:
1 Saugkorb, 2 Saugleitung, 3 Winkel 90°, 4 Durchgangsventil, 5 Pumpe, 6 Winkel 90°, 7 Druckleitung, 8 Winkel 90°

Wenn der Auslaufdruck wenigstens ein bis zwei bar betragen soll, dann reicht diese Förderhöhe der Pumpe natürlich nicht aus. Deshalb rechnet man für je ein bar Druck zusätzlich

Druckverluste bei Kunststoffrohrleitungen (Die Zahlenwerte geben den Druckverlust in Metern Wassersäule an, bezogen auf 100 m Rohrlänge)			
Durchfluss [Liter/Std.]	**Rohrdurchmesser [Zoll]**		
	1	**1¼**	**1½**
2000 Liter	5,30 mWs	1,80 mWs	0,60 mWs
4000 Liter	6,00 mWs	2,00 mWs	0,66 mWs

10 m Förderhöhe hinzu. Bei zwei bar Druck hieße dies laut Beispiel eine Förderhöhe von 31,64 m.

Die Förderhöhe von Pumpen kann in der Regel aus den Unterlagen der Hersteller abgelesen werden, wo sie sehr häufig in Form eines Leistungsdiagramms dargestellt ist. Die Förderleistung einer Pumpe hängt mit der Förderhöhe zusammen; sie stellt einen Zusammenhang zwischen der in einer bestimmten Zeitspanne gelieferten Menge unter einem gewissen Druck dar.

Die benötigten Wassermengen lassen sich durch Addition der einzelnen Verbraucherstellen, für die es Richtwerte gibt, ermitteln.

Spülkasten mit Spartaste: 7,8 l/min
Waschmaschine: 15,0 l/min
Druckspüler DN 15   42,0 l/min
Druckspüler DN 20   60,0 l/min
Zapfstelle DN 15   18,0 l/min
Zapfstelle DN 20   30,0 l/min
Zapfstelle DN 25   60,0 l/min

Die angegebenen Fördermengen der Pumpen sind in der Regel Leistungen, die sich auf Fördermenge pro Stunde

beziehen und die daher umgerechnet werden müssen. Man muss dabei immer bedenken, dass es sich dabei um Fördermengen handelt, die sich auf die Höhe 0 und keine Reibungsverluste beziehen.

Wem diese Art der Berechnung für die Auslegung der Pumpe zu mühsam ist, der kann sich mit Hilfe der selben Softwareprogramme wie für die Berechnung der Zisternengröße (siehe S. 104) die passende Pumpe ermitteln lassen oder im Fachhandel nachfragen.

Zisternen-"Hightech": Die Hybridanlage

Eine Regenwasser-Hybridanlage ist eine Kombination aus zwei unterschiedlichen Anlagensystemen. Hierbei werden die Vorteile einer Erdspeicheranlage mit denen einer Kellerspeicheranlage vereint, ohne deren Nachteile zu besitzen.

Hierbei wird gefiltertes Regenwasser in einem Erdspeicher gesammelt und sedimentiert. Die Verbraucherstellen

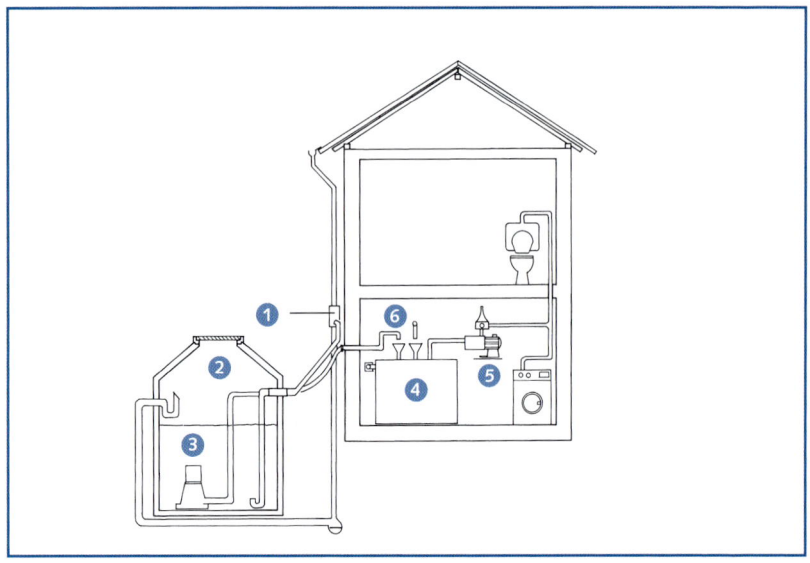

Funktionsweise einer Hybridanlage
1 Filter, 2 Zisterne, 3 Hebepumpe, 4 Innentank, 5 Versorgungspumpe, 6 Nachspeisung

(WC, Waschmaschine) werden jedoch aus einem weiteren, im Keller stehenden Behälter mit einer Verteilerpumpe versorgt. Sobald Wasser aus diesem Behälter entnommen wird, füllt eine Hebepumpe in die Hauptzisterne diesen Behälter nach Bedarf auf. Bei Regenwassermangel oder Störungen im Erdspeicher erfolgt das Nachfüllen des Innentanks durch eine Trinkwassernachspeisung.

Hierdurch ist die Hybridanlage das sicherste und sparsamste Anlagensystem einer Regenwasser-Nutzungsanlage. Das patentierte Hybridmodul enthält alle Funktionen der Innenanlage, ermöglicht eine Unterbringung auf kleinstem Raum und ist mit einer Kleincomputeranlage ausgerüstet. Die auf-einander abgestimmten Pumpen haben zusammen nicht mehr Stromverbrauch als eine selbst ansaugende Pumpe oder Tauchkreiselpumpe. Die Vorteile eines Hybridmoduls liegen in erster Linie in der optimierten Trinkwassernachspeisung, die nicht in den Erdspeicher, sondern direkt in den Innentank erfolgt. Im Nachfüllbetrieb wird nur der halbe Pumpenstrom benötigt.

Die Wasserqualität in Speicherbehältern

Die „Fachvereinigung Betriebs- und Regenwassernutzung e. V. (FBR)" hat in ihrer monatlich erscheinenden Zeitschrift einen Artikel mit Fragen und

Antworten zur Regenwasserqualität veröffentlicht, die an dieser Stelle auszugsweise wiedergegeben werden sollen.

1. Sind im Speicherbehälter gefährliche Krankheitserreger vorhanden und können sie sich dort vermehren?
Die Frage kann mit nein beantwortet werden, denn für die Gesundheit schädliche Bakterienarten kommen nur kurzfristig und in nur sehr geringen Konzentrationen im Regenwasser vor. Untersuchungen von unterschiedlichen Standorten haben ergeben, dass Dachabflusswasser eine deutlich bessere Qualität aufweist, als es der Gesetzgeber für Badegewässer fordert.

Krankheitserreger gelangen über Vogelkot, abgestorbene Keinlebewesen sowie durch den ungewollten Eintrag von organischer Masse in die Zisterne. Unter günstigen Bedingungen, wie hohe Temperaturen und starker Nährstoffeintrag, kann es hier auch schon mal zu einer unerwünschten Vermehrung verschiedener Bakterienarten kommen.

Die bekanntesten Bakterienstämme, die in einer Zisterne vorkommen können, sind Streptokokken, Fäcalcoliforme, Enterobacter und Salmonellen. Eher als im Wasser sind sie am oberen Bereich der Zisternenwandung nachzuweisen, wo sich der Wasserspiegel einpendelt und häufig einen schmierigen Belag hinterlässt.

2. Bestehen gegen die Nutzung von Regenwasser hygienische Bedenken?
Auch diese Frage kann mit nein beantwortet werden, denn durch die strikte Trennung vom Trinkwassernetz spielen die üblichen Infektionswege, wie zum Beispiel Verschlucken, Sprühnebel und anderer Kontakt durch den bestimmungsgemäßen Gebrauch keine wesentliche Rolle. Das in einer Toilette stehende Wasser, das üblicherweise aus der Trinkwasserleitung stammt, hat eine wesentlich höhere Keimbelastung als gesammeltes Regenwasser.

3. Kann Regenwasser zum Wäsche waschen verwendet werden?
Es kann, denn umfangreiche Untersuchungen haben gezeigt, dass hiermit gleich mehrere Vorteile miteinander verbunden sind. In keinster Weise erhöht sich der Keimgehalt der fertig gewaschenen Wäsche. Der Eintrag von Bakterien in die Waschmaschine erfolgt hauptsächlich durch das Befüllen mit Schmutzwäsche. Durch den Waschvorgang und dem späteren Trocknen werden ein Großteil aller Bakterienarten abgetötet, unabhängig von der Herkunft des Wassers. Durch die geringe Härte des Regenwassers wird bedeutend weniger Waschpulver benötigt.

4. Muss Regenwasser vor der Nutzung desinfiziert werden?
Eine Desinfektion ist nicht unbedingt notwendig. Ein Hauptargument dagegen ist der vermehrte Aufwand an Energie, Material oder auch an Chemikalien. Da selbst desinfiziertes Regenwasser dem Gesetz nach Regenwasser bleibt und keine Trinkwasserqualitäten hat, muss der zusätzliche Aufwand in Frage gestellt werden.

5. Ist die Regenwassernutzung auch für den öffentlichen Bereich zu empfehlen?
Da die Nutzung von Regenwasser kein grundsätzliches hygienisches Risiko darstellt, kann man dies nur befürworten. Regenwasser-Nutzungsanlagen sind daher schon seit längerem in Schulen und Kindergärten anzutreffen (Schulgärten, Gartenteichanlagen usw.).

6. Welche für die hygienische Sicherheit relevanten Vorschriften sind bei Planung, Bau und Betrieb einer Regenwasser-Nutzungsanlage zu beachten?
Die strikte Einhaltung der Rechtsvorschriften und Normen seitens der Planer, Installationsbetriebe und vor allem auch der Betreiber ist unbedingt notwendig. In den wichtigsten rechtlichen und technischen Vorschriften der Trinkwasserverordnung DIN 1986, DIN 1988, DIN 2000 und DIN 2001 sind die nachfolgenden Punkte zwingend vorgeschrieben:

- Strikte Trennung zwischen Trink- und Regenwassernetz.
- Nachspeisung von Trinkwasser nur im freien Auslauf.
- Kennzeichnung aller Regenwasserleitungen.
- Absicherung der Zapfstellen gegen unbeabsichtigte Wasserentnahme.
- Sicherung der Anlage gegen das Eindringen von Schmutzwasser.

Reinigungsverfahren für Regenwasser

Wenngleich es rechtlich niemals möglich sein wird, Regenwasser in Trinkwasser zu wandeln, so ist dies zumindest technisch möglich. In den vorausgegangenen Zeilen wurde die Infektion des Regenwassers mit Schaderregern sowie deren Überlebenschancen bis zu einem gewissen Grad abgeschwächt, dennoch lässt sich ihre Existenz nicht leugnen. Jeder, der seinen Regenwassertank schon einmal gereinigt hat, kennt den schmierigen, graubraunen Film auf der Innenwand einer Zisterne, deren Ursache eine festsitzende **Bakterienschicht** ist. Ganz besonders betroffen davon sind oberirdische Tankanlagen, weil sie bedeutend einer größeren Temperaturspanne ausgesetzt sind als im Boden versenkte Anlagen.

Wer Wert auf die Entkeimung seiner Regenwasserzisterne legt, der kann dies recht einfach mit einer UV-Desinfektion durchführen. Die unsichtbaren, kurzwelligen UV-Strahlen (254 Nanometer) töten Pilze und Bakterien sicher ab. Das wasserdichte UV-Strahler-Modul wirkt unter Wasser über einige Meter im gesamten Tankumfeld. Dabei entstehen keine bedenklichen Folgeprodukte, wie man es von chemischen Desinfektionsmitteln (Chlor, Brom, Kaliumpermanganat) kennt.

Die UV-Strahlung ist ein „kaltes Licht", das nicht zur Erwärmung des Zisternenwassers beiträgt. Die primäre Stromversorgung erfolgt durch ein eingebautes 230-Volt-Netzteil über eine normale Haushaltssteckdose. Der Stromverbrauch ist Dank einer elektronischen Hochfrequenzversorgung sehr gering. Mit nur zwölf Watt verbraucht die UV-Lampe im Jahr gerade einmal so viel wie fünf Minuten Staubsaugen. Zum Einbau wird die wasserdichte Lampe einfach an einem drei Meter langen Niederspannungs-

kabel in der Mitte des Zisternenbo-
dens versenkt. Eine niedrige Versor-
gungsspannung von zwölf Volt trägt
wesentlich zur Sicherheit bei. Die har-
te UV-C-Strahlung ist äußerst wir-
kungsvoll. Man darf daher niemals
länger direkt in den Strahler sehen
und die Haut der Strahlung aussetzen.
Der mit Feuchtigkeitssensoren ausge-
stattete Strahler schaltet sich automatisch ab, wenn er länger als zehn Se-
kunden außerhalb des Wassers ist.
Dies ist besonders wichtig, wenn der
Wasserstand einer Zisterne unter das
Minimum sinkt oder das Gerät aus
dem Wasser gezogen wird.

Ein weiteres Problem, das zur Quali-
tätsminderung von gesammelten Regenwasser führen kann, ist Algenbildung. Man unterscheidet zwischen
Schmier-, Schwebe- und Fadenalgen.
Ihr vermehrtes Auftreten ist auf hohe
Wassertemperaturen mit erhöhtem
Nährstoffeintrag bei gleichzeitig ausreichendem Lichteinfall zurückzuführen.
In einer im Boden versenkten Betonzisterne wird dieses Problem so gut wie
nie auftreten, gefährdet sind nur licht-
durchlässige, oberirdische Behälter.
Grün- und Braunalgen sowie
Schwebealgen lassen sich durch geeignete Algenvernichtungs-Präparate wir-
kungsvoll unterdrücken. Derartige Prä-
parate werden als Teichzubehör in
Fachmärkten angeboten. Bei Einhaltung der richtigen Konzentration kann
das behandelte Regenwasser durchaus
als Gießwasser eingesetzt werden.
Gleichzeitig sollten allerdings die Bedingungen, die das Algenwachstum
fördern, nach Möglichkeit abgestellt
werden. Die sich auf den Innenseiten
einer Tankanlage bildenden Algenbelä-

*Fadenalgen lassen sich sehr leicht aus dem
Teich entfernen, wenn man sie
einfach an einem Ende herauszieht.*

ge sind zudem eine ideale Grundlage
für das Ansiedeln von Schaderregern.
Fadenalgen sind ein untrügliches
Zeichen für besonders starke Nähr-
stoffzufuhr, die möglichst rasch unterbunden werden sollte. Solange das
mit Algen besetzte Regenwasser nur
zur Bewässerung im Garten eingesetzt
wird, stellen Algen kein ernst zu neh-
mendes Problem dar. Allerdings veralgen alle Geräte und Schläuche innenwändig bereits in kürzester Zeit. Al-
genversetztes Regenwasser sollte
unter keinen Umständen in einen Gartenteich geleitet werden, denn unter
günstigen Bedingungen würden sich
die Algen im Teich sofort munter weiter vermehren.

Wasserbedarf im Garten

Unsere Pflanzen bestehen etwa zu 75 bis 90 Prozent aus Wasser. Sie benötigen es zur Aufnahme und zum Transport von Nährsalzen und Assimilaten, zur Erhaltung des Zelldrucks und letztlich für biochemische Reaktionen. Die benötigten Wassermengen von der Quellung des Samenkorns bis zur Reife oder auch Ernte einer Pflanze können sehr unterschiedlich sein. Zur Produktion von einem Kilogramm Trockenmasse verbrauchen unsere Pflanzen zwischen 300 und 600 Liter Wasser. Dabei gehen zusätzlich große Teile durch Versickerung und Verdunstung verloren.

Während ein Mensch pro Jahr etwa mit 1000 Litern reinen Trinkwassers auskommt, benötigt eine Kohlanpflanzung bis zur Ernte rund 800 Liter Wasser pro Quadratmeter. Der Entwicklungszustand unserer Pflanzen wird nachhaltig vom Wasser beeinflusst. Bei hohen Wassergaben ergibt sich ein starkes Wachstum mit lockerem Gewebe und geringer Wurzelmasse. Außerdem blühen derart behandelte Pflanzen später und sind anfälliger gegen Krankheiten. Bei geringen Wassergaben stellt sich ein schwaches Wachstum mit verstärkter Wurzelbildung ein. Eine verfrühte Blüte sowie vorzeitige Reife und häufiges Verholzen sind hier die Folge.

Je wärmer es ist, umso besser ist infolge des Transpirationssoges die Wasseraufnahme einer Pflanze, allerdings steigt gleichzeitig auch ihr Bedarf an Wasser. In den Boden eindringendes Wasser soll nicht vollkommen versickern, aber auch den Boden nicht verschlämmen. Der Boden soll das Wasser halten und an die Pflanzenwurzeln abgeben. Die Wasserkapazität und -verfügbarkeit eines Bodens kann dabei sehr unterschiedlich sein.

Pflanzen können nur Wasser aufnehmen, wenn die relative Feuchte an der Wurzel mehr als 96 Prozent beträgt. Aus diesem Grund können sie in einem Lehmboden mit einer Restfeuchte von zehn Prozent bereits welken, dagegen in einem Sandboden mit einem Restwassergehalt von nur vier Prozent noch wachsen. Den meisten Pflanzen sagt es zu, wenn der Boden zu 70 bis 80 Prozent mit Wasser versorgt ist.

Möglichkeiten der Gartenbewässerung

Mit einer Regenwasser-Nutzungsanlage eröffnen sich für einen Gartenbesitzer ungeahnte Möglichkeiten der Bewässerung, die vom einfachen Gießen mit der Gießkanne bis hin zu vollautomatischen Bewässerungsanlagen reichen. Je größer eine Gartenanlage ist, desto größer sollte auch die Zisterne sein. In den vorausgegangenen Kapiteln wurde über die verschiedensten Arten des Regenwasserspeicherns be-

● Bewässerungsmöglichkeiten im Überblick

Bewässerungsart	Einsatzgebiet	Wasserverbrauch	benötigte Pumpe
Gießkanne	Beete, kleine Gärten, Frühbeete, Saatkisten		Handbetrieb
Schwengelpumpe	kleine Beete und Anlagen		Handbetrieb
Schlauch	Gartenbeete, kleine Anlagen und Flächen	je nach Durchmesser	Gartenpumpe
Schwenkregner	kleinere Rasenflächen	10 l/min	Tauchpumpe
Versenkregner	große Rasenflächen	20–25 l/min	Tauchpumpe, Kapazität abhängig von installiertem Regner
Kreisregner	mittlere Gartengröße	10–15 l/min	Tauchpumpe
Überkopfregner	große Gärten und Parkanlagen	15–30 l/min	Tauchpumpe
Sektorenregner	gezielte Beregnung für Rasen und Anpflanzung	15–20 l/min	Tauchpumpe, Kapazität abhängig von installiertem Regner
Sprühdüsen	kleine Beete, Hecken	3–5 l/min	Gartenpumpe
Sprühnebeldüsen	Vermehrungsbeete	1–3 l/min	Gartenpumpe, Hauswasseranlage
Tröpfchenbewässerung	Balkonkästen, Einzelpflanzen, Container	2–4 l/min bis 20 l/min bei Verstelldüsen	Gartenpumpe
Anstauverfahren	Dachgärten, Dachbegrünung	größenabhängig	Gartenpumpe

reits berichtet. Wer ausschließlich seinen Garten mit Regenwasser bewässern möchte, der benötigt keine komplizierte Zisternenanlage. Freistehende Kunststoffzisternen haben im Sommer für die Pflanzen den Vorteil, dass das daraus entnommene Wasser nicht eiskalt ist und den Pflanzen schadet.

Eine Gießkanne gehört zweifellos in jeden Garten, doch eignet sie sich von allen Möglichkeiten am wenigsten für eine intensive Gartenbewässerung. Sie wird daher hauptsächlich für kleinere Gießarbeiten oder Notfälle eingesetzt. Eine ganz wesentliche Arbeitserleichterung wird bereits mit einem Schlauch erreicht, der das Regenwasser vom Behälter über eine Pumpe zum Verbraucher transportiert. Im privaten Gartenbereich kommen in erster Linie $1/2$-Zoll- und $3/4$-Zoll-Schläuche in Betracht, die in vielen verschiedenen Qualitäten auf dem Markt sind. Wenn man über einen längeren Zeitraum Freude an einem Gartenschlauch haben möchte, sollte man von vornherein einen hochwertigen kaufen.

In der Tabelle sind die Wasserdurchflussmengen der beiden Schlauchgrößen unter Berücksichtigung verschiedener Längen und Wasserdruck aufgeführt. Hierbei handelt es sich um Annäherungswerte, die voraussetzen, dass der Schlauch eben und ausgerollt auf dem Gelände liegt und mit keiner Düse versehen ist. Mit diesen Werten lässt sich der Wasserbedarf im Garten ungefähr ermitteln. Durch den Anschluss einer feinstrahligen Düse verringert sich die Durchflussmenge um etwa ein Drittel.

Düsen und Gießgeräte gibt es im Handel in den unterschiedlichsten Ausführungen und Materialien. Sie sollten möglichst über eine **Absperrvorrichtung** verfügen. Entscheidend ist auch noch die Qualität des eigentlichen Brausekopfs. Er sollte aus **Metall** und nicht aus **Kunststoff** bestehen. Je mehr feine Öffnungen er hat, desto weicher tritt das Wasser aus. Ganz besonders hochwertige Gießköpfe haben ein Siebblech aus Messing.

Neben **Gießstäben** und **Handgießgeräten** sind Modelle auf dem Markt, deren Spritzbild und Druck verändert werden können. Sie eignen sich daher für Reinigungsarbeiten und Gartenbewässerung gleichermaßen. Erst ein Gießgerät, egal welcher Bauart, ermöglicht eine weitgehend gleichmäßi-

⬤ Gartenschlauchgrößen und Wasserdurchlaufmengen			
Größe in Zoll	**Länge in m**	**bei 3 bar**	**bei 5 bar**
$1/2$	25	24 l/min	30 l/min
$1/2$	50	16 l/min	21 l/min
$3/4$	25	60 l/min	84 l/min
$3/4$	50	45 l/min	60 l/min

Dieser Kreisregner eignet sich besonders für die intensive Bewässerung von kleineren Rasenflächen.

ge Ausbringung des Gießwassers. Der Anschluss dieser Handgeräte ist mit handelsüblichen Schlauchanschlüssen aus Messing und Kunststoff möglich. Als Pumpe reicht hierfür eine einfache Gartenpumpe aus, die das Wasser aus der Zisterne oder dem Regenwasserbehälter fördert.

Etwas komfortabler lässt sich die Gartenbewässerung mit aufstellbaren Regnern gestalten. Man unterscheidet hierbei zwischen einfachen **Schwenkregnern, Kreisregnern, Sektoren- und Überkopfregnern.** Welches Modell letztlich geeignet ist, hängt von der Größe und vor allem der Form des Grundstücks ab. Bei im Privatbereich eingesetzten Regnern kann man im Durchschnitt mit einem Wasserausstoß von 20 bis 25 Litern pro Minute

rechnen. Aus diesem Grund wird hierfür am besten eine Tauchpumpe zum Einsatz gebracht.

Will man eine große Gartenflächen bequem wässern, ohne lange Schläuche ziehen zu müssen, so wird sich der Einbau einer unterirdisch verlegten **Garten-Pipeline** lohnen. Hierbei wird ein Kunststoff-Rohrsystem in 20 cm Tiefe im Garten verlegt, an dem Wassersteckdosen angeschlossen werden. Der Verschluss der Wassersteckdose ist bodeneben und ermöglicht eine sofortige Wasserentnahme, sobald das Leitungssystem unter Druck steht. Wird die Schlauchverbindung gelöst, schließt sich das Ausflussventil der Wassersteckdose selbstständig.

Mit diesem Pipeline-System kann auch eine **Versenkregneranlage** betrieben werden. Sobald der Wasserdruck nachlässt, verschwinden die Regner unsichtbar in der Rasenoberfläche. Es gibt sie mit einer regulierbaren Wurfweite und einstellbarem Sprühradius, wodurch eine sehr gezielte Bewässerung möglich ist. Das Verlegen der unterirdischen Leitung stellt keine besonderen Anforderungen, muss aber mit einem minimalen Gefälle von ein bis zwei Prozent erfolgen, um das System im Winter entleeren zu können.

Die Menge und Lage der benötigten Regner hängt von der Grundstücksgröße ab. Um Planungsfehler hierbei zu vermeiden, sollte man die genaue Größe auf ein Millimeterpapier übertragen. Wenn man dann mit einem Zirkel den Sprühradius des jeweiligen Regnermodells in die zu beregnenden Flächen einzeichnet, kommt man schnell auf die benötigte Regnermenge und deren Standorte.

Bei der Wahl des geeigneten Bewässerungssystems lässt man sich am besten von einem Fachbetrieb beraten. Zum Betreiben einer Bewässerungsanlage mit Versenkregnern wird eine starke Pumpe mit großer Fördermenge benötigt, was mit einer mehrstufigen Kreiseltauchpumpe erfüllt wird.

Für eine zielgenaue Bewässerung eignen sich **Sprühdüsen mit unterschiedlichen Sprühwinkeln, Nebeldüsen** oder **Streifendüsen**. Diese Düsenarten werden über ein oberirdisch verlegtes Rohrsystem versorgt und

eignen sich ganz besonders für kleinere und mittlere Gartenbeete. Dabei ist es unwichtig, ob es sich um ein- oder mehrjährige Anpflanzungen handelt, selbst Anlagen mit Ziersträuchern können damit problemlos bewässert werden. Es gehört allerdings ein gewisses Geschick dazu, die unansehnlichen Rohrleitungen so zu kaschieren, dass sie die Optik nicht stören. Zum Verlegen und Betreiben einer solchen Anlage gibt es zahlreiches Zubehör, das die Verlegearbeiten und auch das spätere Betreiben wesentlich vereinfacht.

Zu einer oberirdisch verlegten Variante gehört die so genannte **Tröpfchenbewässerung**. Hierbei wird das Wasser, wie der Name schon sagt, den Pflanzen tröpfchenweise zugeführt. Diese Bewässerungsmethode hat sich seit langer Zeit bei Container-Baumschulen bewährt, die hiermit einzelne Großpflanzen bewässern.

Auch im Garten kann diese Methode sehr gut zum Einsatz kommen. Wenngleich die geringe Wassermenge den Verdacht aufkommen lässt, sie reiche nicht aus, so weiß doch jeder, wie viel Wasser über einen tropfenden Wasserhahn abgegeben wird. Auch zu diesem System gehört ein umfangreiches Zubehör, unter anderem verschiedene Tropfdüsen, deren Wasserabgabe zwischen zwei bis 20 Liter pro Stunde liegen kann. Nachteilig daran ist ein Pipelinesystem mit einem Wirrwarr an kleinen Schläuchen und Abzweigen, die der Optik wenig dienlich sind.

Gesetzliche und finanzielle Grundlagen

Die rechtliche Lage

Die rechtliche Lage für das Nutzen und Betreiben einer Regenwasseranlage sind nicht bundeseinheitlich geregelt. Die EU-, Bundes- und Ländergesetzgebung drückt allerdings klar aus, dass eine Regenwassernutzung in Deutschland überall möglich ist. In manchen Bundesländern gibt es sogar ein Gebot zur Verwertung und Versickerung von Niederschlagswasser. In verschiedenen kommunalen Satzungen können inzwischen Anlagen zum Sammeln und Verwerten von Niederschlagswasser vorgeschrieben werden.

Unsere Gesetzgebung schreibt nicht alle Möglichkeiten der Verwertung von Niederschlagswasser fest, daher bleibt die genaue Auslegung und Anwendung der Gesetze den einzelnen Kommunen oder Wasserzweckverbänden überlassen. Mancherorts wird die Nutzung von Niederschlagswasser durch die Behörden eingeschränkt, zum Beispiel für die Gartenbewässerung. Unglücklicherweise sind manche Abschnitte in den Gesetzen nicht exakt genug formuliert, so dass sich eine unterschiedliche Interpretation ergeben kann. Dies führt häufig zu Streitfällen zwischen Behörden und Bürger.

Im Rahmen dieses Buches würde es zu weit führen, dieses wichtige Thema weiter auszuschöpfen. Das Schulungszentrum für Regenwassernutzung in Kefenrod hat im April 1999 eine mehrseitige DIN-A4-Broschüre zu den gesetzlichen Grundlagen zur Regenwassernutzung und -versickerung veröffentlicht (siehe Literaturverzeichnis S. 125). Neben einer Reihe von Gerichtsurteilen zu diesem Thema sind hier vor allem für jedes einzelne Bundesland die rechtsgültigen Landeswassergesetze und deren genaue Anwendung exakt beschrieben.

Eine weitere Möglichkeit, sich genau zu informieren, ist ein Vorsprechen beim zuständigen Bauamt einer Gemeinde. Jedes Bauamt verfügt über eine Abteilung, die dieses Thema verwaltet und überwacht.

Lohnt sich die Regenwassernutzung?

Beim Bau einer Regenwasser-Nutzungsanlage entstehen zunächst einmal nicht unerhebliche Kosten. Diese errechnen sich aus der Anschaffung der Zisterne, dem technischen Zubehör einschließlich einer Pumpe sowie Kosten für Einbau und Montage. Ein dauerhafter wirtschaftlicher Nutzen einer Regenwasseranlage ergibt sich aus der Länge ihrer Nutzung.

Mit einer Regenwasser-Nutzungsanlage können je nach Standort und Auffangfläche bis über 50 Prozent Trinkwasser für den häuslichen Bedarf eingespart werden. Wenngleich sich der wirtschaftliche Nutzen nicht sofort einstellt, so muss an dieser Stelle besonders der ökologische Nutzen in den Vordergrund gestellt werden. Der Nutzen für die Umwelt, der sich aufgrund der Schonung des Grundwassers und Entlastung der Kläranlagen ergibt, ist nicht direkt mit Geld zu bewerten.

Gute Anlagen mit hochwertigen Bauelementen und Zubehörteilen lassen sich auf lange Sicht problemlos mit geringen Folgekosten betreiben. Dies sind in der Regel Stromkosten (20,– bis 25,– DM/Jahr) sowie Kosten für eventuell anfallende Wartungs- oder Reparaturarbeiten, die mit etwa 30,– bis 40,– DM zu Buche schlagen. Grob gerechnet kann man sagen, dass je nach Anlage etwa acht bis zehn Jahre vergehen, bis der Kubikmeter-Preis des aus einer Regenwassernutzungsanlage bezogenen Wassers kleiner als der des Leitungswassers einschließlich der anfallenden Abwassergebühren wird.

Das Betreiben einer Regenwasser-Nutzungsanlage scheint daher auf den ersten Blick nicht sonderlich wirtschaftlich zu sein. Wenn man jedoch davon ausgeht, dass in naher Zukunft die Preise für Leitungs- bzw. Trinkwasser und dem zuzurechnenden Abwasser weiter drastisch ansteigen werden, wird sich der Zeitpunkt einer Amortisation schon sehr bald verkürzen. Der sofortige Vorteil einer Regenwassernutzung liegt in der verminderten Abwassermenge, die sich zwangsläufig durch die eingesparten Mengen an Leitungswasser ergibt.

Die Abwassergebühren werden von den Kommunen leider sehr unterschiedlich behandelt. Aus diesem Grund kann eine Gemeinde auch die Installation einer zweiten Wasseruhr vorschreiben, mit der sich der Anteil des verwendeten Regenwassers ermitteln lässt. Sehr viele Gemeinden erheben eine zusätzliche Abwassergebühr für das Einleiten von Regenwasser in ein getrenntes Kanalsystem oder den Mischwasserkanal. Diese kann eine Pauschale oder ein wiederkehrender Betrag sein, der sich aus dem Versiegelungsgrad des Grundstücks errechnet.

Wenn von einer Gemeinde für das Dachablaufwasser keine Gebühr erhoben wird, so darf auch für das überlaufende Regenwasser aus der Zisterne keine Gebühr entfallen. Im umgekehrten Fall wird das eingeleitete Regenwasser jedoch wieder gebührenpflichtig.

In manchen Gemeinden werden von den Regenwassernutzern Abwassergebühren eingezogen, gleichzeitig wird aber eine kostenfreie Entsorgung des Oberflächenwassers für den Rest der Einwohner praktiziert. Dies ist leider eine klare Benachteiligung gegenüber allen, die eine Regenwasser-Nutzungsanlage betreiben.

Beispiel einer Wirtschaftlichkeitsberechnung

Wasserkosten:
3,96 DM/m^3 Leitungswasserkosten
4,07 DM/m^3 Abwasserkosten
Bei einem jährlichen Wasserverbrauch von 90 m^3 Regenwasser statt Leitungswasser für die Gartenbewässerung / für häusliche Reinigungsarbeiten, ergibt dies eine Einsparungssumme von

3,96 DM × 90 m^3 = 356,40 DM
(für nicht verbrauchtes Leitungswasser)

4,07 DM × 90 m^3 = 366,30 DM
(für eingesparte Abwassergebühren)
Gesamt: **722,70 DM**

Von dieser eingesparten Summe müssen die anfallenden Wartungs- und Betriebskosten abgezogen werden:

722,70 DM Einsparungssumme
– 35,00 DM jährliche Betriebskosten
– 40,00 DM Reparaturen
647,70 DM

tatsächlich eingesparter Betrag bei der Verwendung von Regenwasser anstelle von Leitungswasser für Nutzwasserzwecke.

Setzt man diesen Betrag mit den Investitionen für die Installation der Regenwasserzisterne samt Zubehör in Beziehung, so erfährt man, nach wieviel Jahren sich die Anlage amortisiert hat.

Amortisation:
Baukosten (4730,00 DM) :
jährliche Einsparung (647,70 DM)
= etwa 7,5 Jahre

Öffentliche Fördermittel

In den letzten Jahren hat die Zahl der Städte und Gemeinden erfreulicherweise zugenommen, die einen Zuschuss für den Bau von Regenwasser-Nutzungsanlagen, Versickerungseinrichtungen oder Maßnahmen zur Entsiegelung von Flächen gewähren. Diese Fördermaßnahmen sind in ihrer Art und vor allem auch in ihrer Höhe sehr unterschiedlich gegliedert. In vielen Fällen äußert sich die Förderung durch Zahlung einer festgelegten Summe, in anderen Fällen kommt durch gesplittete Abwassergebühren nur eine indirekte Förderung zum Tragen. Die Fördergelder für die unterschiedlichsten Maßnahmen sind in aller Regel als Einmalzahlung anzusehen.

Von den Gemeinden in der Bundesrepublik, die diese Förderprogramme praktizieren, soll beispielhaft die Stadt Homburg im Saarland aufgeführt werden. Hier wurden unter anderem die Abwassersatzung im Januar 1999 geändert und gleichzeitig ein detailliertes Förderprogramm für Niederschlagswasser ins Leben gerufen.

● **Wirtschaftlichkeitsberechnung beim Einbau einer Betonzisterne**	
Stahlbeton Erdspeicher 6m^3 mit Versetzen	2 180,00 DM
Aushub	200,00 DM
Wirbel-Feinfilter und Zisternen-Zubehör	950,00 DM
Pumpe, Steuerung, Trinkwassernachspeisung	1 100,00 DM
Hausinstallation, Verbindungsleitungen	800,00 DM
Installationskosten für Fachbetrieb	1 300,00 DM
sonstige Materialkosten (Kennzeichnung etc.)	200,00 DM
Gesamtsumme	**6 730,00 DM**
abzüglich öffentlicher Förderung	**2 000,00 DM**
Endsumme	**4 730,00 DM**

Die **Entsiegelung von Flächen** bezuschusst die Stadt mit 40,– DM pro Quadratmeter neu gestalteter Fläche. Die maximale Förderhöhe beträgt 50 Prozent der förderungsfähigen Kosten je Grundstück, höchstens jedoch 5 000,– DM.

Bei **Verrieselungs- oder Versickerungsmaßnahmen** wird eine Förderung von 4,– DM/m^2 gewährt. Die maximale Förderhöhe beträgt wiederum 50 Prozent bis zu einem Höchstsatz von 1 000,– DM.

Bei der **Einleitung von Regenwassermassen** in ein oberirdisches Gewässer über eine gepflasterte Rinne, einen Graben oder ein Rohr erfolgt die Förderung im selben Umfang.

Eine **Regenwasser-Nutzungsanlage** kann mit bis zu 400,– DM pro Kubikmeter Speichervolumen bezuschusst werden. Auch hier werden bis zu 50 Prozent der Kosten übernommen, deren Höchstgrenze bei 2 400,– DM liegen.

Auch die **extensive und intensive Dachbegrünung** ist in Homburg förderungswürdig. Das Programm bezuschusst mit 60,– DM jeden Quadratmeter begrünter Dachfläche, wiederum mit 50 Prozent bis zu einem Höchstsatz von 6 000,– DM. Unberücksichtigt bleiben allerdings Baumaßnahmen, die zur Erhöhung der statischen Belastbarkeit führen – oftmals die Voraussetzung für den Umbau eines herkömmlichen Daches zu einem Gründach.

Antragsberechtigt sind Grundstückseigentümer oder Erbbauberechtigte, Mieter oder Pächter im Einvernehmen mit dem jeweiligen Eigentümer. Eine weitere Voraussetzung ist, dass mit der zu fördernden Maßnahme noch nicht begonnen wurde. Die Zahlung wird auf einen förmlichen Antrag hin gewährt. Bei genehmigungspflichtigen Vorhaben wie einer Versickerung muss die Genehmigung von der Unteren Bauaufsicht der Wasserbehörde vorliegen. Ferner muss sich der Empfänger des Zuschusses verpflichten, die geförderte Maßnahme mindestens zehn Jahre lang zu betreiben. Dem Antrag auf einen derartigen Zuschuss sind ein Übersichtslageplan sowie ein Lageplan der Maßnahme beizufügen, außerdem ein Kostenvoranschlag und eventuell benötigte Genehmigungen.

Die Stadt Homburg hat hierzu ein kleines Merkblatt herausgebracht. Seit dessen Erscheinen vor etwa einem Jahr wurden in der 50 000 Einwohner zählenden Stadt 170 Anträge auf Fördermaßnahmen gestellt. Davon bezogen sich neun Anträge auf Regenwasser-Nutzungsanlagen. Der Gesamtbetrag der Fördermaßnahme belief sich innerhalb eines Jahres auf etwa 150 000,– DM. Das bemerkenswerte an diesen Zahlen ist die Tatsache, dass sich nur etwa 0,3 Prozent der Bevölkerung einer Stadt für die vielfältigen Nutzungsmöglichkeiten von Regenwasser interessieren und diese auch in die Tat umsetzen.

Dieses Buch soll zu einem bewussteren Umgang mit der wertvollen Ressource Wasser animieren, indem die unterschiedlichsten Varianten für den kleinen und den großen Geldbeutel, für wenig oder viel Platz aufgezeigt werden. Vielleicht wird so die Zahl von Antragstellern für Regenwassernutzungsanlagen oder -rückhaltungssystemen zukünftig mehr und mehr anwachsen.

Anhang

Bezugsquellen

(alphabetisch geordnet)

Andreas Morbacher
Am Brenkelberg 2
66901 Schönenberg-
Kübelberg
⇒ komplette Regenwasser-
Nutzungsanlagen

ASP Regenwassernutzungs-
systeme GmbH & Co. KG
Lanzstraße 11-13
68789 St. Leon-Rot
⇒ komplette Regenwasser-
Nutzungsanlagen

Bednarsch & Söhne Gerwal
Vertriebs GmbH
Hauptstr. 1
98530 Oberstadt
⇒ komplette Regenwasser-
Nutzungsanlagen, Tanks,
Groß-Versickerungsanlagen

Birco Baustoffwerk GmbH
Herrenpfädel 142
76532 Baden-Baden
⇒ Birco-Rinnensysteme,
Rigolen

Braas Dachsyteme
GmbH & Co
Frankfurter Landstraße 2-4
61440 Oberursel
⇒ Fallrohrfilter, komplette
Dachrinnensysteme

Brill Gartengeräte
Postfach 3161
58422 Witten
⇒ Gartenpumpe bis Haus-
wasserwerk

Bruno Nebelung
Freckenhorsterstr. 32
48348 Everswinkel
⇒ Sonder-Rasenmischungen

DAB Pumpen Deutschland
Industriering Ost 23
47906 Kempen
⇒ Pumpen jeder Art

Eduard Michels
Giardetstr. 2-38
45131 Essen
⇒ Ekoperl + Terraperl,
Ölbinder

Energie Quelle
GmbH & Co.KG
Üdinger Weg 61c
52372 Kreuznau
⇒ Rain-Plan Berechnungs-
programm

Gardena Kress+Kastner
GmbH
89070 Ulm
⇒ Pumpen für viele Berei-
che, Bewässerungsanlagen

Grundfos
Industriestr. 15-19
23812 Wahlstedt
⇒ Pumpen aller Art

Grüner
Postfach 100544
67433 Neustadt-Weinstraße
⇒ Gartenschläuche jeder Art

Hubertus Beutler GmbH
Thüringerstr. 2
97340 Marktbreit
⇒ komplette Großanlagen,
Folienbecken

JULIWA-HESA GmbH
Mittelgewannweg 13
69123 Heidelberg
⇒ Sonderrasen-Mischungen

Kessel GmbH
Bahnhofstr. 31
85101 Lenting
⇒ Regenwassernutzungsan-
lagen, Entwässerungsrinnen,
Rückstausicherung, Hebean-
lagen, Pumpen

Maassen
Postfach 9007
52523 Heinsberg
⇒ Zisternen aus verschiedenen Baustoffen, komplette
Regenwassernutzungsanla-
gen

Mall Beton
Hüfinger Straße 39-45
78166 Donaueschingen
⇒ monolithische Beton-
zisternen in allen Größen

Nordsee Pumpenfabrik
GmbH
Postfach 1127
21266 Jesteburg
⇒ Schwengelpumpen,
Elektropumpen

Otto Graf GmbH
Carl-Zeiss-Straße 2-6
79331 Tenningen
⇒ komplette Anlagen für
Regenwasser und
Versickerung

Parga Park+Gartentechnik
GmbH & Co. KG
Gottlieb-Daimler-Straße 4
74383 Pleidelsheim
⇒ Beregnungsanlagen in
jeder Größe

Perstorp Plastic Systems
19057 Schwerin-Sacktannen
⇒ Regenwasser-Nutzungs-
anlagen, spezielle Regen-
wassertonnen

Poly-Ta-Plast Mobil Tanks
Dieselstr. 10
37235 Hessisch Lichtenau
⇒ Glasfaserverstärkte
Kunststoff-Zisternen

Rainbow
Zum Weinberg 3a
93197 Zeitlarn-Ödenthal
⇒ komplette, maßgeschnei-
derte Regenwasser-
Nutzungsanlagen

Raintec
Allendestraße 68
98574 Schmalkirchen
⇒ komplette maßgeschnei-
derte Regenwasser-Nut-
zungsanlagen

Regenwassernutzung 3P
Technik Filtersysteme GmbH
Robert-Bosch-Straße 12
7337 Bad Überkingen-
Hausen
⇒ Regenwasser-Filteranla-
gen für Haus bis Industrie

Rehau AG+Co.
Postfach 2018
63120 Dietzenbach
⇒ Gartenschläuche jeder Art

Rikutec
Postfach 1367
57603 Altenkirchen

⇒ Kunststofftanks für jeden
Zweck, komplette Anlagen

Schütz Werke
GmbH & Co.KG
Bahnhofstr. 25
56242 Selters
⇒ Regenwasser-Nutzungs-
anlagen

Speidel Tank & Behälterbau
Postfach 28
72128 Ofterdingen
⇒ Behälter aus GFK, Poly-
ethylen, Edelstahl, Keller-
und Dachtankanlagen

Steidle Baustoff GmbH
Wachtelhai 10
72488 Sigmaringen
⇒ Quarz-Color, dränagefä-
higer Wegbelag

Steinle Umwelttechnik
Stedinger Str. 73
27809 Lemwerder
⇒ Regenwasser, Solaranla-
gen, Bewässerung, maßge-
schneiderte Anlagen

Tritz Betonwerk GmbH & Co.
Eisenbahnstr. 4-6
66809 Nalbach
⇒ Wasserdurchlässige Bo-
denbeläge, Regenwasserzi-
sternen in Schachtbauweise

UV-Systeme GmbH
Wieblinger Weg 100
69123 Heidelberg
⇒ Regenwasser-Desinfek-
tion

Wagner &Co. Solartechnik
Zimmermannstr. 12
35091 Cölbe
⇒ Solartechnik und
komplette Regenwasser Nu-
zungsanlagen

Werit Kunststoffwerke
Kölner Straße
57609 Altenkirchen
⇒ Kunststoffzisternen jeder
Art

Wilhelm Zisternenzubehör
Fachberatung für Regen-
wassernutzung
Wilhelm-Röntgen-Viertel 60
66740 Saarlouis
⇒ komplette Lösungen für
die Regenwassernutzung

Wilo GmbH
Juliusstr. 52-53
12051 Berlin
⇒ Pumpen jeder Art

Wisy AG
Oberdorfstr. 26
63699 Kefenrod
⇒ Regenwasser-Filteranla-
gen, Zisternenzubehör,
Schulungszentrum

Wolf Regenwassertechnik
Jackerather Str. 15
41812 Erkelenz
⇒ komplette Regenwasser-
Nutzungsanlagen für Haus
und kommunale Belange

Zapf GmbH & Co
Nürnbergerstr. 38
95440 Bayreuth
⇒ monolithische Betonzi-
sternen, komplette Anlagen,
Hydra-Garagenzisterne,
Bauteile für Dachbegrünung

Zinco GmbH
Grabenstr. 33
72669 Unterensingen
⇒ Dachbegrünung jeder
Art, komplette Lösungen,
Pflanzen

Literaturverzeichnis

Fachbücher

ARBEITSGEMEINSCHAFT DER VERBRAUCHERZENTRALE BONN: Regenwasser für Haus und Garten. Verbraucherzentrale Bonn 1998.

BASTIAN, H.: Selbst Regenwasser-Nutzsysteme anlegen, Compact Verlag München 1997.

BÖSE, K.-H.: Brunnen und Regenwasser. Ökobuch Verlag Staufen bei Freiburg 1991.

KOLB, W., SCHWARZ, T.: Dachbegrünung – planen, bauen, pflegen. Verlag Eugen Ulmer Stuttgart 1999.

LANDWIRTSCHAFTSVERLAG HILTRUP: Faustzahlen für den Gartenbau. Landwirtschaftsverlag Hiltrup 1963.

Losch, H.-A.: Regenwasser für Haus und Garten nutzen. Falken Verlag Niedernhausen 1997.

STORCK, H.: Gartenbau, Betriebsführung, Produktion. Verlag Eugen Ulmer Stuttgart 1969.

WILHELM, A., SCHWEIZER, K., HELBIG, T., RHEINSCHMIDT, R., ROTARIUS,T.: Regenwasser nutzen.

WAGNER & CO. Solartechnik. Cölbe 1993.

Broschüren und Zeitschriften

FIRMA STEINLE: Planung und Bau von Regenwassernutzungsanlagen. Betriebsinterne Veröffentlichung Oestrich-Winkel 1999.

HESSISCHES MINISTERIUM FÜR UMWELT, ENERGIE, JUGEND, FAMILIE UND GESUNDHEIT: Informationen zum Trinkwasser sparen: Wiesbaden 1997.

HESSISCHES MINISTERIUM FÜR UMWELT, ENERGIE, JUGEND, FAMILIE UND GESUNDHEIT: Nutzung von Regenwasser. Wiesbaden 1999.

HESSISCHES MINISTERIUM FÜR UMWELT, ENERGIE, JUGEND, FAMILIE UND GESUNDHEIT: Entsiegeln und Versickern. Wiesbaden 1993.

HESSISCHES MINISTERIUM FÜR UMWELT, ENERGIE, JUGEND, FAMILIE UND GESUNDHEIT: Praxisratgeber Entsiegeln und Versickern in der Wohnbebauung. Wiesbaden 1998.

HESSISCHES MINISTERIUM FÜR UMWELT, ENERGIE, JUGEND, FAMILIE UND GESUNDHEIT: Wassertechnologie im Jahr 2010. Wiesbaden 1999.

LANDESAMT FÜR WASSERWIRTSCHAFT: Leitfaden der flächenhaften Niederschlagsversickerung. Mainz 1998.

SCHULUNGSZENTRUM REGENWASSERNUTZUNG KEFENROD: Gesetzliche Grundlagen für die Regenwassernutzung und Versickerung. Kefenrod 1999.

TASPO: Regenwasser kann auf dem Grundstück bleiben. Ausgabe Nr. 37, September 98. Thalacker Medien 1998.

UMWELTZENTRUM DES HANDWERKS TRIER: Regenwasser. Trier 1998.

ZEITSCHRIFT DER FACHVEREINIGUNG BETRIEBS- UND REGENWASSERNUTZUNG E. V.: fbr Wasserspiegel. Ausgabe 1 + 2/99. Darmstadt 1999.

Bildquellen

Umschlagvorderseite:
Großes Bild, kleines mittleres Bild: Hans Reinhard, Heiligkreuzsteinach
Kleines Bild links: Friedrich Strauß, Au
Kleines Bild rechts: Gardena GmbH, Ulm

Umschlagrückseite von links nach rechts:
Nicola Brown, London
Gardena, GmbH, Ulm
Wolfgang Redeleit, Bienenbüttel
Peter Hagen, Homburg

Photo M.A.P., Evry (F): S. 3, S. 60/61; Hans Reinhard, Heiligkreuzsteinach: S. 6/7, 74/75, 88; Wolfgang Redeleit, Bienenbüttel: S. 28 unten, 118; Peter Himmelhuber, Regensburg: S. 81.
Alle übrigen Bilder stammen vom Verfasser.

Zeichnungen:
Alle Zeichnungen wurden von Frau Brigitte Zwickel-Noelle, Leonberg nach Vorlagen des Verfassers angefertigt.
Die Grafik auf S. 9 wurde von Herrn Helmuth Flubacher, Waiblingen, nach einer Vorlage des Deutschen Wetterdienstes, Geschäftsfeld Hydrometeorologie, erstellt.
Die Grafik auf S. 11 wurde von Herrn Peter Hagen, Homburg, erstellt.

Register

Register

Die Deutschen Bibliothek –
CIP-Einheitsaufnahme
Hagen, Peter:
Regentonnen und Zisternen : Regenwasser im Garten nutzen / Peter Hagen.-Stuttgart (Hohenheim) : Ulmer, 2001
(Ulmer Taschenbuch ; 87)
ISBN: 3-8001-3154-4

© 2001 Eugen Ulmer GmbH & Co.
Wollgrasweg 41,
70559 Stuttgart (Hohenheim)
Printed in Germany
Lektorat: Karin Wachsmuth
Herstellung & DTP: Silke Reuter
Druck & Bindung: Appl, Wemding

Wenn Sie mehr wissen wollen.

Wer sich für den Bau eines Teiches interessiert, muß sich mit vielen Fragen zur Bautechnik und Ausstattung auseinandersetzen. Dieses Buch gibt dazu zahlreiche Entscheidungshilfen. Weitere Themen sind die Gestaltung der Teiche sowie die Geräte und Hilfsmittel, Schutzeinrichtungen und die Teichpflege.
Teichbau und Teichtechnik. P. Hagen. 2. Aufl. 1995. 192 Seiten, 100 Farbfotos, 30 Zeichn. ISBN 3-8001-6849-9.

Das Buch befaßt sich mit den technischen Aspekten der Container, Töpfe, Tröge und Kästen. Für die einzelnen Standorte gibt es Listen von Pflanzen, die mit dem beschränkten Wurzelraum im Gefäß zurechtkommen.
Töpfe, Schalen, Terrakotten. Materialien und Bepflanzung. P. Hagen. 1998. 192 Seiten, 56 Farbfotos, 61 Zeichnungen. ISBN 3-8001-6878-2.

Neben vielen Gestaltungsideen gibt dieses Buch praktische Anleitungen zur Anlage eines Miniatur-Wassergartens und stellt die speziell dafür geeigneten Sumpf- und Wasserpflanzen vor. Der Leser erfährt alles Wesentliche zur Pflege und Überwinterung, auch das Algenproblem wird eingehend besprochen.
Miniatur-Wassergärten. R. Kohle. 3. Auflage 2001. 96 Seiten, 53 Farbfotos, 26 Zeichn. ISBN 3-8001-3230-3.

Die wenigsten Menschen haben die Zeit, um täglich mehrere Stunden den Garten in Form zu bringen. Wer dennoch ein stimmungsvolles Ambiente anstrebt, muss auf eine gute Planung achten und benötigt das Wissen, wann man lenkend eingreifen sollte.
Ein Garten für Faulpelze. Gartenspaß mit wenig Mühe. P. Beucher. 2000. 320 S., 240 Farbf. ISBN 3-8001-3158-7.